INHALT

W0245545

ZUM GELEIT

Am 17. Januar 1991 begann der Krieg am Persischen Golf. Der UNO-Sicherheitsrat hatte am 29. November 1990 beschlossen, daß zur Durchsetzung seiner Resolution 660 vom 2. August 1990 (Rückzug Iraks aus Kuwait) und aller darauffolgenden Resolutionen die Mitgliedstaaten ermächtigt seien, „alle erforderlichen Mittel einzusetzen", um den Beschlüssen der Völkergemeinschaft „Geltung zu verschaffen und sie durchzuführen und den Weltfrieden und die internationale Sicherheit in dem Gebiet wiederherzustellen". Irak ist Gründungsmitglied der Vereinten Nationen (21. 12. 1945), Kuwait wurde am 14. Mai 1963 in die Organisation aufgenommen. Aufnahme finden nur jene Staaten, die bereit sind, die in der UN-Charta niedergelegten Grundsätze zu befolgen, und „nach dem Urteil der Organisation fähig und willens sind, diese Verpflichtungen zu erfüllen" (Art. 4, Abs. 2).

Die Präambel zur Charta der Vereinten Nationen (26. 6. 1945) formuliert die Ideale und gemeinsamen Ziele aller Völker, die der Organisation angehören:

„Wir, die Völker der Vereinten Nationen – fest entschlossen, künftige Geschlechter vor der Geißel des Krieges zu bewahren, die zweimal zu unseren Lebzeiten unsagbares Leid über die Menschheit gebracht hat,

unseren Glauben an die Grundrechte des Menschen, an Würde und Wert der menschlichen Persönlichkeit, an die Gleichberechtigung von Mann und Frau sowie von allen Nationen, ob groß oder klein, erneut zu bekräftigen,

Bedingungen zu schaffen, unter denen Gerechtigkeit und die Achtung vor den Verpflichtungen aus Verträgen und anderen Quellen des Völkerrechts gewahrt werden können,

den sozialen Fortschritt und einen besseren Lebensstandard in größerer Freiheit zu fördern,

und für diese Zwecke

Duldsamkeit zu üben und als gute Nachbarn in Frieden miteinander zu leben,

unsere Kräfte zu vereinen, um den Weltfrieden und die internationale Sicherheit zu wahren,

Grundsätze anzunehmen und Verfahren einzuführen, die gewährleisten, daß Waffengewalt nur noch im gemeinsamen Interesse angewendet wird, und

internationale Einrichtungen in Anspruch zu nehmen, um den wirtschaftlichen und sozialen Fortschritt aller Völker zu fördern –

haben beschlossen, in unserem Bemühen um die Erreichung dieser Ziele zusammenzuwirken."

Wie ist es um diese hehren Ziele angesichts der Realität und der Brutalität des Golfkrieges bestellt? Es scheint an der Zeit, an eine Tradition der Vereinten Nationen zu erinnern, die weithin in Vergessenheit geraten ist: an die UN-Friedensreligiosität. Wenn in den vergangenen Monaten und Wochen gefragt wurde, ob die Stimmen der Religions- und Kirchenführer laut und deutlich genug zu hören waren, ob die Reden von Wert und Würde der Menschen nicht zur Farce verkommen seien, dann mag sich darin der Wunsch und die Hoffnung ausdrücken, es gebe eine Instanz über den Menschen, die willens und fähig sei, alle Blutopfer, der Unschuldigen zuerst, auf dieser Erde zu verhindern. Doch die „pragmatische Haltung" hat gesiegt, das „Warten auf Godot" (auf Gott oder Tod) dauert an. Ist das „Gebet der Vereinten Nationen" von Vincent Benét vergessen?

„Unsere Erde ist nur ein kleines Gestirn im großen Weltall. Uns obliegt es, daraus einen Planeten zu machen, dessen Geschöpfe nicht von Kriegen gepeinigt werden, nicht von Hunger und Furcht gequält, nicht zerrissen in sinnloser Trennung nach Rasse, Hautfarbe oder Weltanschauung. Gib uns den Mut und die Voraussicht, schon heute mit diesem Werk zu beginnen, auf daß unsere Kinder und Kindeskinder einst mit Stolz den Namen ‚Mensch' tragen."

Am Hauptsitz der Vereinten Nationen, in New York, haben diese religiösen Gedanken sichtbaren Ausdruck in der Einrichtung eines Meditationsraums gefunden. Es ist ein Raum mit eindeutig spirituellem Charakter, der aber keinem aus der Religionsgeschichte bekannten Kultraum entspricht. An seiner Außenwand finden sich einige Tafeln, u. a. mit der programmatischen Aufschrift: „Dieser Raum ist dem Frieden geweiht und denen, die ihr Leben für den Frieden geben. Er ist ein Ort, wo nur Gedanken sprechen sollen." Im Innern steht ein altarähnlicher Block aus Eisenerz, „geweiht dem Gott, den die Menschen unter vielen Namen und in mannigfaltiger Weise verehren". Ein „Altarbild" symbolisiert die Realität einer transzendenten Wirklichkeit: „beim Betrachten wird das Auge in die Weite gezogen".

Der frühere UN-Generalsekretär Dag Hammarskjöld (†1961) ließ keinen Zweifel daran, daß es über das pragmatisch-politische Handeln der Vereinten Nationen hinaus etwas gibt, das die eigentlichen Maßstäbe setzt und die Völkergemeinschaft bedingungslos verpflichtet: „Als Kinder Gottes sind alle Menschen gleich." Aus dem messianischen Pathos der Friedensidee des Propheten Jesaja erwächst für die Vereinten Nationen eine besondere Bedeutung: „Er spricht Recht im Streit der Völker, er weist viele Nationen in die Schranken. Dann schmieden sie Pflugscharen aus ihren Schwertern und Winzermesser aus ihren Lanzen. Man zieht nicht mehr das

Schwert, Volk gegen Volk, und übt sich nicht mehr für den Krieg."

In seinen „Reden gegen den Krieg" erinnert Eugen Drewermann daran, daß bereits im Jahre 1942 der spätere Kardinal Ottaviani von der traditionellen Lehre vom „gerechten Krieg" aus zu dem Schluß gelangt sei: „Ihre Anwendung bedeutet, daß es keinen ‚gerechten' Krieg im 20. Jahrhundert geben kann." Ottaviani, der in der Folgezeit gefürchtete Präfekt des Heiligen Offiziums, hatte damals geschrieben: „Der Krieg ist völlig zu verbieten." Selbst die allgemeine Wehrpflicht nannte er „größtes Unrecht" (maxima iniuria). Es gebe keinen noch so wichtigen Grund, „der soviel Übeln, Gemetzeln, Zerstörungen, einer solchen Vernichtung moralischer und religiöser Werte proportioniert wäre". „Praktisch also", schrieb Ottaviani weiter, „ist es nie mehr erlaubt, einen Krieg zu erklären; nicht einmal ein Verteidigungskrieg ist zu führen, wenn nicht die rechtmäßige Autorität, die darüber zu entscheiden hat, mit der Sicherheit des Sieges auch sichere Bürgschaften dafür hat, daß das durch den Verteidigungskrieg dem Volk erwachsende Gut die ungeheuren Übel überwiegt, die ebendiesem Volk und der ganzen Welt aus dem Krieg entstehen" (Ottaviani, Institutiones Iuris publici ecclesiastici, Bd. 1, Rom [3]1947, zitiert nach Franziskus Stratmann, Krieg und Christentum heute, Trier, 1950, S. 29 f.).

Fragwürdig ist es, wenn heute noch – nach den zahllosen Erklärungen, Botschaften und Worten zum Frieden (der Kirchen, ihrer Verbände und Gruppierungen) – deutsche Kirchenmänner glauben, durch sprachliche Nuancierungen die eigentliche Misere bewältigen zu können. Zwar sei von einem „gerechten Krieg" nicht mehr zu reden, so war zu vernehmen, wohl aber gebe es eine „gerechtfertigte Verteidigung". Dadurch läßt sich aus den komplexen

Ursachen und Zusammenhängen, die zum Krieg am Golf geführt haben, nur allzuleicht der simple Schluß auf einen legitimen Militäreinsatz ziehen. Unter dem Vorzeichen der „Rechtfertigung" kann so auch all das nachträglich (immer noch) geduldet werden, was zuvor aus christlicher Verantwortung schon hätte überwunden sein sollen: politische Vormachtstellungen, Unterdrückung von Völkern und Volksgruppen, egoistische Wirtschaftsinteressen, Abhängigkeit der Armen von den Reichen.

Dankbar sei deshalb an die Einzelstimme des Bischofs von Limburg, Franz Kamphaus, erinnert, der jeglicher fatalistischen Deutung eine Absage erteilt hat: „Unausweichlich ist ein Krieg nicht. Ein Krieg bricht nicht einfach nur aus, er wird von Menschen begonnen, das ist ein großer Unterschied."

Eugen Drewermanns „Reden gegen den Krieg" bedürfen weder einer Einführung noch eines Kommentars. Bereits in seinem Buch „Der Krieg und das Christentum" aus dem Jahre 1982 (Neuauflage unter dem Titel „Die Spirale der Angst", Freiburg 1991) hat er unter vielfältigen Aspekten die verborgenen Kriegsmechanismen der Menschen und Völker aufgedeckt. Die hier vorgelegten Erklärungen, Reden, Ansprachen und Predigten sprechen für sich: die Einsichten und Erfahrungen eines angesichts der brutalen Realität empörten und verzweifelten Theologen, Priesters und Seelsorgers münden ein in den Aufschrei: Hört auf mit dem Krieg! Einzelne Aussagen mögen infolge neuer Informationen zu präzisieren, auch zu korrigieren sein – von ihrer Gültigkeit haben diese Reden bis heute, da die Waffen schweigen, nichts verloren.

Bernd Marz

11

An dem Tag, an dem das Verbrechen sich mit den Hüllen der Unschuld schmückt, wird – durch eine seltsame, unserer Zeit eigentümliche Verdrehung – von der Unschuld verlangt, sich zu rechtfertigen.

Albert Camus, Der Mensch in der Revolte

DIE CHANCE DES FRIEDENS WAHREN

25. 11. 1990

Jesus sagt in der Bergpredigt das unerhörte Wort: „Selig sind die, die Frieden stiften, sie werden Söhne Gottes heißen." Alles, was wir von der Christologie wissen, alles, was wir von der Gottessohnschaft Jesu wissen, hat Sinn einzig im Friedenstiften.

Ich habe keine politischen Antworten für das, was sich am Persischen Golf abspielt, aber vielleicht sollte man an das erinnern, was deutsche Zeitungen nicht schreiben, soweit ich sie gelesen habe: daß die Staatenbildung von Irak, Kuwait und den anderen Staaten am Golf nicht das Ergebnis natürlich gewachsener Grenzen, sondern der Verwilderung der Kolonialpolitik am Ende des Ersten Weltkriegs ist. Ihre Eltern werden sich noch daran erinnern können, daß die Deutschen die Bagdad-Bahn gebaut und im Ersten Weltkrieg auf seiten der Türken, des Osmanischen Reiches, in Irak gegen die Briten gekämpft haben! Damals stand das ganze Gebiet unter der Türkenherrschaft. Als die Engländer in der Region den Krieg gewonnen hatten, wurde englisches Kolonialgebiet daraus; Geologen und Techniker setzten die Prospektionen und die Ausbeutung der riesigen Erdölfelder in Gang. Als die Kolonialherrschaft der Engländer und Franzosen in der Region zerbrach, teilte man das Ganze so günstig auf, daß wir heute sehr praktisch mit vielen Interessen, die uns da engagiert sein lassen, zurechtkommen. Rechtens ist in der Region überhaupt nichts.

Wir stehen heute vor einer wichtigen Frage: Ist auch im Jahre 1990 der Krieg noch ein Mittel der Politik? Gilt uns noch immer Clausewitz als der rechte Mann zur Interpretation der Geschichte: „Krieg ist nur die Fortsetzung der Politik mit anderen Mitteln"? Oder nehmen wir von diesem Denken endlich Abschied? Daß man an irgendeinem Vormittag Anfang Januar 1991, sagen wir freitagsmorgens um 5.30 Uhr, hunderttausend Frauen und Kinder, die nichts mit Politik zu tun haben, in den Tod bombt oder lebenslänglich zu Krüppeln macht – ist das der Preis? Irgendein arabischer Diktator mag den Krieg noch immer für ein Mittel der Politik halten, aber ist das auch das Denken der zivilisierten Welt? *Sie* ist in diesen Tagen gefragt und gefordert.

Der amerikanische Präsident will den Krieg, ohne Kompromiß, mit dem Ziel der totalen Unterwerfung eines Diktators. Sie wissen, was geschieht, wenn Sie eine Ratte in die Ecke treiben. Sie wird Ihnen ins Gesicht springen. So kann man nicht handeln, wenn man den Frieden will. Nicht einmal einen Diktator darf man endgültig an die Wand stellen. Es muß Verfahren geben, die eine Chance lassen, und es gäbe in der Region eine Menge Möglichkeiten, die Chancen zu wahren. Diese müssen ergriffen werden, und den Spielraum des Friedens offenzuhalten ist die Pflicht der Politik. Die Weltöffentlichkeit wird von Präsident Bush um Zustimmung zur Option für einen Krieg gebeten. Das Wort „Option" – soviel Latein habe ich gelernt – heißt: Wünschbarkeit. Verdammt, der Krieg ist keine Wünschbarkeit!

Ich bitte Sie sehr, unterschreiben Sie die Aufforderung zum Frieden, die draußen vor unserer Kirche ausliegt.

Ich habe schon vieles Kriegerische und Kämpferische gesagt über das, worin mir die Kirchenleitung nicht gefällt – in diesem Punkte bin ich ein bißchen stolz auf sie. Sie hat, zwar zögerlich, kaum hörbar, aber doch verlauten lassen, sie wünsche Frieden am Golf. Da sollten wir die Bischöfe unterstützen. Auch der Papst sagt in diesen Tagen, er wünsche Frieden am Golf. Wo er Unterstützung verdient, verdient er Unterstützung von uns Katholiken. Amen.

14

HERODES IN UNS

26. 12. 1990

Wer noch irgendwelche Zweifel an der wahren Natur der Weihnachtsgeschichten hat, wird sie an dieser Stelle verlieren. Es sind Texte, deren Wahrheit nicht auf der Ebene der historischen Wirklichkeit, der normalen Welt der Fakten liegt, die uns vertraut ist; wir haben es vielmehr ganz und gar mit der Sprache der Legenden zu tun. Und so ist die Frage: Welche Wahrheit wohnt in diesen Geschichten? Kann man den wahren König Israels nur finden, indem man des Nachts unbeirrt, wie hypnotisch angezogen einem Stern folgt und damit heilige, magische Kunde erfüllt? Hören wir den biblischen Text nur bis zu dieser Stelle, dann scheint sich noch alles zu fügen, und wir nehmen kaum etwas von einer Differenz zwischen Traum und Realität wahr. Da ist der König in Jerusalem behilflich, damit die Sterndeuter ihren Weg nach Betlehem finden, und zwischen Priesterweisheit und Schriftgelehrtentum, dem Machtinteresse eines Königs und der verborgenen Botschaft des Messias webt es sich zusammen wie ein harmonisches Bild. Wir wissen es besser. Wir kennen den Ausgang der Geschichte: Während die Magier hingehen, um anzubeten, formen sich im Hintergrund der Bühne bereits die Reiterscharen des Königs, die ausschwärmen werden, um zu töten.

Warum muß das immer so sein, und was ist es mit der Wahrheit der Weihnacht?

Alle echten wichtigen Fragen an uns Menschen sind zeitlos. Es gibt ein Problem in unserem Leben, das nicht endet und das sich in die Frage kleiden läßt: Wie wirklich und wahr sind unsere Träume, unsere Hoffnungen, unsere stärksten Empfindungen? Wir wissen die Antwort: Sie sind so wirklich und wahr, wie wir sie machen.

Wenn es darum geht, einem Stern zu folgen, stellt sich dies in einem Bild von Romantik und Schönheit dar. Aber gleich am Wege stehen die Leute, die sagen: „Es ist nur Romantik und Schönheit, und darum gilt es nicht wirklich. Die wirkliche Welt ist nicht romantisch und schön, sie ist vernünftig und also auch grausam, wenn nötig. Warum sollten wir Menschen weniger grausam sein als die Natur?"

Wie also fügt sich in diese Menschenwelt die weihnachtliche Botschaft von Frieden und Güte und Menschlichkeit? Wir möchten daran glauben – aber wie überwinden wir die Widerstände?

Ich stehe nicht an, zu denken, daß diese Geschichte am Hofe des Königs Herodes sich bis in unsere Tage hinein wiederholt. Da sitzt auf dem Thron der Macht ein Herrscher, der sich augenblicklich bedroht fühlen muß, wenn es irgendwo, außerhalb seiner Kontrolle, ein Königtum des Herzens geben sollte. Er wird die Religion einladen, daß sie ihm erkläre, was die Religion zu sagen hat und wie man jenes andere Königtum vernichtet. Und beide arbeiten fleißig ineinander.

Jesus von Nazaret wird später klipp und klar sagen: „Ihr könnt nicht Gott dienen und dem Mammon." Da steht es auf Entweder – Oder. Folgen wir aber dem Nachrichtenteil unserer Zeitungen am Ende des Jahres 1990, dann ist uns ganz klar, daß wir Gott *und* dem Geld in eins dienen müssen und daß Idealismus und Geschäft sich auf das beste paaren. Ich habe noch nie erlebt, daß eine Menschheit so bewußt und absichtlich auf einen Krieg zusteuerte wie in diesen Wochen. Fast dreißig zumeist demokratisch gewählte Regierungen im Geleitzug der westlichen Führungsmacht wollen den Krieg, nehmen ihn in Kauf und tun das für erhabene Ziele; es geht um Recht, Gerechtigkeit und Menschlichkeit, es geht um die Revision einer völkerrechtswidrigen Aggression – das ist das Göttliche, das Ideale, und es fügt sich ganz vorzüglich, daß wir bei all den Worten gleichzeitig genau wissen: Es geht um sehr viel Geld, es geht um Erdöl, um Einfluß, um die Verteilung des Rests der Welt nach dem Zusammenbruch des sowjetischen Imperiums. Und Gott und Geld, beides zusammen, ist eigentlich, was wir den American way of life nennen: je mehr Geld und je mehr Reichtum, desto größer der Segen Gottes, gut calvinisch und politisch sehr vernünftig. Ein heiliger Kreuzzug und gleich daneben die eigenen Interessen – wer diese Synthese schafft, ist ein wirklich vernünftiger Mensch.

Wenn es gälte, in der Region des Nahen Ostens Idealismus zu leben und durchzusetzen, dann hätten in den letzten dreißig, vierzig Jahren bei der Lösung der Palästinenserfrage wunderbare Gelegenheiten dazu bestanden. 1,5 Millionen Flüchtlinge sitzen seit über dreißig Jahren in den Refugee-Camps. Das Geld, das die Bundesregierung in den letzten Monaten für den Aufmarsch am Golf bereitgestellt hat, hätte sie für die Schaffung menschenwürdiger Unterkünfte einsetzen können. Es war dreißig Jahre lang nicht aufzutreiben. Der Krieg, den Türken, Perser, Iraker gegen die Kurden führten, hat uns im Westen nie interessiert, die Auslöschung der Armenier war uns gleichgültig, die Vernichtung der Bevölkerung in der südlichen Golfregion durch die Zentralregierung des Irak ist uns völlig unbekannt – aber sobald unsere eigenen Geldinteressen und Machtfragen im Spiel sind, werden wir mutig und klar. Da bitten wir sogar die besten Begriffe, die heiligsten Worte, die köstlichsten Überlieferungen des Christentums herbei und lassen uns genau erklären, wie wir den König umbringen, der grad geboren wurde. Es ist eine bittere

Welt, in der wir leben. Am schlimmsten aber ist, daß wir im Raum des Göttlichen so wenig Mut zum Widerstand haben. An Heiligabend fordern die Bischöfe in Weltverantwortung auf, daß wir um den Frieden beten. Es ist ein ohnmächtiges Gerede. Alle Worte sind richtig, aber sie bewirken nichts; sie *sollen* überhaupt nichts bewirken. Sie sind lediglich das Alibi, damit wir hinterher sagen können: „Wir waren ja immer schon dagegen, es ist bedauerlich, es tut uns wirklich leid."

Sie mögen sagen: „Was wir hier reden und bedenken und mit Weihnachten machen, interessiert draußen niemanden." Das stimmt. Aber warum korrumpiert immer wieder die Macht? Warum können nur die Ohnmächtigen zu ein bißchen Menschlichkeit fähig sein, und sobald sie Verantwortung haben, ist es damit zu Ende in dieser Welt? Dann funktionieren ihre Köpfe anders. Nichts von dem, was sie gelernt haben, gilt mehr, oder aber es wird zur Lüge verformt. Und dann wird es zielgenau. Dann wird es heißen: „Erklärt mir die Sache, damit auch ich hingehe, um anzubeten." Und man wird beim Händefalten erwürgen, was man vor sich hat, so daß die Magier werden fliehen müssen, belehrt durch einen heiligen Traum, nach Hause zurück, fort aus Betlehem. Und das neugeborene Kind wird in die andere Richtung fliehen, fort aus Betlehem ins Heidenland, dorthin, wo man von Gott nie gehört hat. Vielleicht beginnt dort, mit gebrochener Zunge, irgend etwas Wahres. Die Sprache der offiziellen Religion aber ist wie leergesagt und ausgedient.

Was sich da draußen begibt und was in den Zeitungen steht, geschieht auch in uns selber, nicht mehr und nicht weniger. Wir ahnen, wer wir sein könnten, und es gibt in unserem Herzen wunderbare Botschaften, was unser Glück ist und woraufhin wir unterwegs sind. Im individuellen Leben hindern uns vermutlich nicht so sehr Geld und Macht und großer Einfluß; was uns zwischen Traum und Tag einsperrt, ist vielmehr das Gefühl der Angst. Wir trauen uns nicht recht. Wir tragen den König Herodes allesamt in uns. Wir fürchten, die Kontrolle über uns zu verlieren und uns selber zu entgleiten, wenn wir der Faszination des Glücks einfach Folge leisten wollten. Riecht es nicht immer wieder nach Mangel an Durchsetzungswillen oder nach Verrat an der Tüchtigkeit oder wie ein Verfall der Sitte, des Charakters, wenn wir einfach nur Menschen sein wollen? Was ist überhaupt wirklich von Gott in uns und nicht einfach nur eine Versuchung? Was soll wirklich gelten und ist nicht bloße Schwärmerei?

Manchmal können wir von den Tieren lernen, wie wir leben sollten. In den Sommermonaten der Antarktis brüten die Pinguine bei minus 30 Grad in den Falten ihres Körpers ihre Eier aus. Mehr als 50 Prozent des Geleges kommen um, aber immer noch hinlänglich viele Jungvögel werden schlüpfen. Die Alten werden alles tun, um sie großzuziehen, und sie müssen sehr schnell wachsen. Nach weniger als einem Monat müssen sie sich selbst versorgen können, und wenn der Zeitpunkt kommt, hören die Altvögel abrupt auf, die Jungen zu ernähren. Sie haben Hunger, und ein innerer Instinkt sagt ihnen, daß sie ihre Nahrung nur finden können, wenn sie sich hinaustrauen auf die Weite des Meeres. Die Brandung ist stark, die Kanten des Eises sind steil, viele der jungen Pinguine, die sich in das Wasser werfen, kommen dabei um, aber ein innerer Instinkt sagt den Tieren, daß sie das Leben nur finden können auf dem Weg gegen die Angst. Immer wieder sieht man eine große Zahl der jungen Vögel zurückfliehen, hilflos nach ihren Elterntieren rufen, aber die sind weit weg, und der Weg führt nur nach vorn. Am Ende bleibt den Vögeln nichts anderes übrig, als das Meer zu bestehen, das sie nicht kannten, und diese Tiere, denen man nie gezeigt hat, was Schwimmen ist, breiten ihre stummelartigen Flügel und vertrauen sich dem Wasser an, um das Leben zu lernen.

Wenn die Pinguine denken könnten, schiene ihnen ihr Weihnachten tausend Meilen weit von ihrem Geburtsort entfernt. Sie hätten es nie gesehen, und der Weg voll drohender Gefahren wäre ihnen fast unzumutbar schwer. Aber wenn die Pinguine denken könnten, würden sie sich nach Gott richten, und er würde in ihnen sprechen mit der Stimme ihres Hungers, in der Triebkraft ihrer Sehnsucht, in dem Drang ihres Leben: „Wagt euch ins Meer! Laßt das Land, wo ihr nicht leben könnt, zurück! Vertraut euch selbst und der stärksten Stimme, die euch leitet, ihr werdet ankommen!" Die ganze Kunst der Weihnacht ist für uns Menschen, daß wir aufhören, im Zuchtkreis der Angst törichter zu sein als die Pinguine.

Legenden sind wahr, die Botschaft unseres Herzens ist richtig, und es gibt all das, worauf wir vertrauen, in der Wirklichkeit, wenn wir's wirklich tun. Amen.

SAGT NEIN!

12.1.1991

Am heutigen Abend sollen wir die heilige Messe feiern wie gewohnt, eine Messe aus dem Weihnachtsfestkreis. Wir haben die Botschaft von Weihnachten, vom Frieden auf Erden in den Ohren, aber es *ist* kein Friede auf Erden. Wir tragen in uns die Überzeugung, daß Gott diese Welt erlöst habe, aber wie soll diese Welt als erlöst gelten, wenn in ihr Krieg und Mordbereitschaft Maßstab und Willen des politischen Handelns bilden?

Die Bischöfe fordern uns auf, in Abänderung des Programms zu beten. Sie sagen uns:

„Die Krise in der Golfregion spitzt sich dramatisch zu. Wir begrüßen jede politische und diplomatische Initiative, um eine bewaffnete Auseinandersetzung zu verhüten und ein Gespräch zwischen dem Irak und den USA zu ermöglichen. Darum möchten wir auch alle politisch Verantwortlichen ermutigen, jede nur denkbare Chance der Verhinderung eines bewaffneten Konfliktes wahrzunehmen. Wir spüren aber auch die Grenzen des Erreichbaren. Was wir von uns aus für den Frieden zu leisten vermögen, ist für sich allein genommen oft gering und hilflos. Zum christlichen Dienst am Frieden gehört wesentlich das Gebet. Schon immer hatte das tägliche Gebet um Frieden seinen zentralen Platz im Leben des einzelnen Christen und im Leben der Gemeinde. Im Gebet ist die spirituelle und ethische Kraft jeder Erneuerung verborgen, die die Welt braucht, um entscheidende Schritte zum Frieden zu tun."

Ich sage heute: Hört auf, für den Frieden zu beten! Gott erhört keine Gebete für den Frieden, nicht zweitausend Jahre nach der Ankunft seines eigenen Sohnes! Er hat nie

21

Kriege verhindert, und er wird nie Kriege verhindern. Es hat deren Tausende gegeben in der Geschichte. Und wie sollte er sie auch verhindern? Wir mißverstehen ihn gründlich. Die Grundlagen des Krieges sind vor 260 Millionen Jahren in den Schädeln von Dinosauriern und Echsen gelegt worden. Dieselben Mechanismen tragen wir noch heute in uns. Jene Tiere hatten begriffen, daß man um Weibchen Konkurrenzkämpfe führen muß, daß man zum Schutz von Weibchen und Kindern Territorien beanspruchen muß, daß man den Gegner einschüchtern muß, indem man Schaum vor dem Mund trägt und indem man notfalls kämpft. Das alles hatte Sinn und Verstand, und das hat Gott bei den Echsen, bei den Dinosauriern gewollt. Sie sind vor 65 Millionen Jahren gestorben, leben aber fort in den Vögeln; dort kann man sehen, daß ein kleiner Star, eine kleine Amsel sehr wohl imstande ist, seine Jungen zu schützen.

Seit 50 Millionen Jahren haben wir den Neokortex. Gott hat unser Gehirn bestimmt, nachzudenken. Was er sicher nicht gewollt hat, ist, daß wir das Denken dazu verwenden, tierischer und viehischer als jedes Tier, grausamer als jede Bestie zu werden. Er hat gemeint, wenn wir anfingen zu denken, könnten wir begreifen, daß Menschen überall auf der Welt empfindsame Knochen, empfindsame Nerven haben, schutzbedürftige Wesen sind. Was er nicht gewollt hat, ist dieser Rückgriff auf Tierprogramme zu ideologischen Zwecken der Kriegführung.

Weil wir's offensichtlich nicht begreifen konnten, hat er vor zweitausend Jahren sich mit dem Mann aus Nazaret identifiziert, der selbst im Angesicht seines eigenen Todes sagen konnte: „Hört auf, das Böse überwinden zu wollen durch das Böse. Bekämpft nicht ewig die eine Hölle, indem ihr die andere öffnet. Setzt die Kraft der Liebe gegen alles, was zerstört; sie ist das einzig Konstruktive." –

Wenn irgend das Christentum einen Wert hat, liegt er in der Aufforderung, so zu leben und zu handeln.

Darum kann man nur sagen: So billig kommen die Bischöfe in Deutschland, so leicht kommen wir Angehörigen der großen christlichen Kirchen nicht davon – nicht mit Gebet. Es ist geheuchelt und verlogen, und es beleidigt Gott. Was wir sagen müssen, öffentlich längst hätten sagen, von allen Kanzeln hätten rufen müssen, ist, daß es keinen erlaubten Krieg mehr gibt, weil Krieg das größte, konzentrierteste, systematischste Verbrechen darstellt, das Menschen gegen Menschen verüben können, und daß er mit allen Mitteln zu vermeiden ist.

Ich habe in den 25 Jahren, in denen ich Priester bin, nie eine politische Rede gehalten, und auch dies wird keine politische Predigt. Aber was ist der Fakt heute, wenige Tage vor dem möglichen Ausbruch eines Krieges, in den wir wie mit Absicht hineinsteuern? „Wer nicht schießen will, muß reden", sagt der deutsche Außenminister Hans-Dietrich Genscher. Es ist genau das Gegenteil dessen, was die amerikanische Führung seit fünf Monaten tut: kein Gespräch, kein Kompromiß, kein Nachgeben, es wäre das „falsche Signal". Darum erklärt der amerikanische Verteidigungsminister Richard Cheney: „Wenn dies ein Krieg wird, dann wird er geführt bis zum endgültigen Sieg."

Ich höre, daß in den Vereinigten Staaten 63 Prozent der Bevölkerung dafür sind, am 15. Januar dieses Jahres den Krieg zu eröffnen, wenn Kuwait bis dahin nicht vom Irak geräumt ist. Wenn freilich mehr als tausend amerikanische GIs bei diesem Krieg ums Leben kämen, würde sich die Zustimmung der amerikanischen Bevölkerung auf etwa 44 Prozent reduzieren. Sollten möglicherweise mehr als zehntausend amerikanische Soldaten sterben müssen, wären nur noch 35 Prozent der Bevölkerung für einen Krieg. Was denkt man sich eigentlich bei solchen Umfragen, die in der Bundesrepublik vermutlich ganz so ähnlich ausfallen würden? Ist denn ein Krieg das, was wir uns in den Kinos anschauen, wenn wir „Platoon" oder „Apocalypse now" sehen, wohl wissend, daß am Ende all die Leute, die da krepiert sind, aus der Maske kommen und sich champagnerselig in die Arme fallen?

Wenn nur tausend amerikanische GIs – dann *für* den Krieg? Sind denn die Menschen jenseits der eigenen Gruppenzugehörigkeit keine Menschen? Haben wir aus dem Zweiten Weltkrieg von Adolf Hitler lediglich gelernt, daß man ihn wieder nur mit Adolf Hitler bekämpfen kann? Und hat der Mann nach fünfzig Jahren noch die Macht, uns das Diktat der Moral im 20. Jahrhundert zu geben? Wenn man gegen fünfhundert- bis sechshunderttausend irakische Soldaten einen Krieg führt, der nicht mehr als tausend amerikanische Soldaten das Leben kosten soll, dann muß man ihn führen wie die Angriffe auf Hamburg, Dresden und Köln im Zweiten Weltkrieg: mindestens zweitausend Bomber gegen eine einzige Stadt. Das kann man heute leichter haben. Man kann die B-52 in 15 Kilometer Höhe parken und herabregnen lassen, was man in den letzten dreißig Jahren erfunden hat: Splitterbomben, Druckbomben, die im Umkreis von 3 Kilometer jeden Menschen zerfetzen, Dumdumgeschosse, Napalm, Flächenbrände, die nach 24 Stunden, wenn man sie braucht, zu lodern beginnen. Und das ist erst das, was wir den gewöhnlichen Krieg nennen. Auf beiden Seiten stehen Waffen bereit, die Menschen vergasen und verätzen bis in die Lunge hinein, ihnen mit Bakterien und Viren in aller Sicherheit den Tod bereiten. Und sollte das noch nicht genügen, haben die Amerikaner am Golf 400 Atombomben zusammengezogen. Das ist ein endgültiger Sieg, wenn man am Ende nicht einmal mehr zu zählen weiß: wie viele hunderttausend Tote?!

24

Die katholische Lehre hat Jahrhunderte gebraucht, die Regeln eines „gerechten" Kriegs, wenn es ihn denn je gab oder geben sollte, zu definieren. Dazu zählt, was für die Haager Landkriegsordnung und die Völkerrechtskonventionen eine Selbstverständlichkeit ist: eine Trennung zwischen Kriegführenden und Nichtkriegführenden; wenn schon, sollte der Krieg zwischen den Soldaten an der Front geführt werden. Aber es ist eine wahnsinnige Illusion, zu glauben, so etwas sei möglich in einem modernen Krieg. Was immer im Irak passieren wird, es werden mindestens drei- oder viermal so viele Zivilisten umkommen wie Soldaten an der Front. Die Hälfte von ihnen werden Kinder sein, errechnen die „Ärzte gegen den Atomtod". Darf man dann sagen: Wenn nur tausend GIs, dann draufhalten, dann Rambo an die Front? Sind hunderttausend arabische Frauen und Kinder keine Menschen? Ist uns das egal, und sind wir so steinzeitlich, eine Moral aufzumachen, die immer nur für uns gilt? Konrad Lorenz meinte einmal sehr richtig: Die Menschen sind gar nicht so schlecht, vorausgesetzt, daß sie nur zu zehn oder zwölf Leuten zusammen sind. Sobald es Hunderte oder Tausende werden, verlieren sie den Überblick, sie handeln immer noch so egoistisch wie für ihre eigene kleine Gruppe, aber mit einemmal schlägt es zurück auf ihre kleine eigene Gruppe. Gott hat uns den Verstand gegeben, damit wir Menschlichkeit *prinzipiell* denken, gültig für *jeden* Menschen. Selbst wenn uns Jesus das nicht gesagt hätte – bereits die römische stoische Ethik hundert Jahre vor Christus hat diese Lehren entwickelt, einfach weil sie aus den Prinzipien der Vernunft folgen. Die Bill of Rights ist nicht für amerikanische Bürger allein gemacht, sie gilt für alle oder keinen. Das heißt, Mensch zu sein. Also sollten wir nicht Gott in den Ohren liegen und ihn bitten, etwas zu tun, das wir gottverdammtermaßen endlich selber tun sollten: den Krieg zu ächten.

Ich höre sagen: „Aber der Krieg ist längst von Saddam Hussein begonnen. Lies doch nach bei Clausewitz: Der Aggressor ist immer friedfertig; er hofft stets, daß sich niemand ihm in den Weg stellt und er die Prämie seiner Beute in Frieden genießen kann. Fordert man nicht die Willkür der Sadisten geradezu heraus, wenn man sie nicht hindert?"

Die Eroberung von Kuwait war ein Verbrechen, selbst wenn man in Rechnung stellt, was die deutschen Zeitungen *nicht* berichten, daß es eine klare Grenzziehung im Nahen Osten erst als Folge der Kolonialpolitik nach dem Ersten Weltkrieg gibt, daß dort überhaupt keine gewachsenen, natürlichen Grenzen existieren und daß Kuwait nie etwas anderes war als ein Erdölgebiet im Dienst der westlichen Erdölausbeutung. Aber *darf* man ein Verbrechen beantworten, indem man es durch ein viel größeres Verbrechen maximiert? Das ist der Preis, vor dem wir stehen. Und warum haben wir nicht Geduld, warum nicht einfach warten? Eine Wirtschaftssanktion – sie kann acht Monate, fünfzehn Monate, zwanzig Monate dauern – warum denn nicht? Warum jetzt Krieg? George Bush ist der „Mann des Jahres" in den Vereinigten Staaten. Er könnte ein großer Präsident sein, wenn er den Mut hätte, Aggression und Gewalt mit Prinzipien zu beantworten, die wir als Christen verkündigen und leben sollten. Womöglich hat es in diesem verruchten Jahrhundert nur einen einzigen Politiker gegeben, der im Sinn der Bergpredigt wirklich ein großer Mann war. Mahatma Gandhi konnte sagen: „Das Christentum hat in Europa niemals existiert, sonst hätte es dort niemals einen Krieg gegeben." Er konnte sich weigern, militärische Ehren entgegenzunehmen, wenn er ein fremdes Land besuchte, er konnte barfuß und im Lendenschurz ins Parlament gehen, weil er dachte: „Sobald wir reich sind, brauchen wir ein Militär, um uns zu verteidigen." Mahatma

Gandhi hätte sich gedacht, daß wir mit den 60 Milliarden Mark, die für die Aufrüstung und den Aufmarsch am Golf aufgewendet werden, längst etwas Besseres hätten tun können, etwas, das die Gewalt Lügen straft. Wie wäre es, wir hielten die 60 Milliarden Mark als Starthilfe für die Palästinenser bereit und könnten ein Zeichen setzen zur Befriedung einer ganzen Region? Wir könnten die Welt überschütten mit der Wohltat von 60 Milliarden Mark! Aber wir haben sie für nichts anderes als für den Terror des Krieges.

Man muß die Phrasen beieinander lassen und als Phrasen erkennen. Da geht es um die Demokratie, um die Menschenrechte, um die Verteidigung der Freiheit, um die gewachsene Ordnung in Kuwait, um die Rückkehr des Regimes der Emire – es geht um großartige Worte! Worum es in den Reden nicht geht, ist Geld, Macht und Öl. Aber genau darum geht es in der *Wirklichkeit*. Zwei Billionen Dollar Schulden hat der amerikanische Staat. Seine Militärmaschinerie wird gerade zur Hälfte von den Saudis bezahlt. Die Rüstungsindustrie wäre bankrott, wenn wirkliche Entspannung herrschte, die Lockheed-Werke stünden vor dem Ruin. Jetzt aber brauchen wir Waffen wie noch nie. Wir beginnen soeben den großen Kampf gegen die Dritte Welt um die Ressourcen.

Sollen wir da wirklich Gott um Frieden bitten? Wenn Gott ein Wort in dieser Zeit spräche, dann dieses: „Verschwindet aus meinen Kirchen! Geht, wenn ihr um den Frieden beten wollt, zu den Banken – da kniet nieder und betet vor eurem Gott! Er ist euch Tausende von Menschen wert, Millionen von Verhungernden. Betet an den einzigen Götzen, an den ihr glaubt, das Geld, da kniet nieder und spuckt eure Lügen, aber nicht in meinen Kirchen. Dahin gehört ihr nicht, wenn ihr um den Frieden beten wollt! Es gibt ihn nicht, außer um den Preis der Freiheit und der Menschlichkeit und der Ehrlichkeit. Anders erscheint nicht vor meinem Angesicht!"

Dies wäre die Pflicht der katholischen Kirche, weltweit, in den Vereinigten Staaten, in Deutschland, in Frankreich, überall, wo Christen katholischen Namens sind: den Krieg zu ächten im Jahre 1991 und ihn endgültig als eine Möglichkeit des politischen Handelns auszuschließen. Verhandeln, Reden und internationaler polizeilicher Druck, in diesem Maßstab mag Militär Notwendigkeit sein, darüber hinaus hat es keine Funktion mehr.

Dieses 20. Jahrhundert sollte man abblasen wegen Tollheit, Anmaßung und Unverfrorenheit und darauf hoffen, daß eine Generation heranwächst, die, wenn sie die Bilder vom Schatt-el-Arab im Krieg zwischen Irak und Iran sieht, das Kotzen kriegt und den Fernsehapparat abschaltet und die den Wehrdienst verweigert, wenn er immer wieder nur in die alten Bahnen der Gewalt führt.

Ich stehe nicht an, zu sagen: Das einzige Gebet, das Gott in diesen Tagen hören wird, stammt von einem Mann, der, lungenkrank, wenig nach dem Zweiten Weltkrieg in einem Hamburger Spital starb. Es war ein Vermächtnis an die Menschheit, als Wolfgang Borchert schrieb:

„Du. Mann an der Maschine und Mann in der Werkstatt. Wenn sie dir morgen befehlen, du sollst keine Wasserrohre und keine Kochtöpfe mehr machen – sondern Stahlhelme und Maschinengewehre, dann gibt es nur eins:

Sag NEIN!...

Du. Forscher im Laboratorium. Wenn sie dir morgen befehlen, du sollst einen neuen Tod erfinden gegen das alte Leben, dann gibt es nur eins:

Sag NEIN!...

Du. Pfarrer auf der Kanzel. Wenn sie dir morgen befehlen, du sollst den Mord segnen und den Krieg heilig sprechen, dann gibt es nur eins:

Sag NEIN! ...

Du. Mutter in der Normandie und Mutter in der Ukraine ... – Mütter in allen Erdteilen, Mütter in der Welt, wenn sie morgen befehlen, ihr sollt Kinder gebären, Krankenschwestern für Kriegslazarette und neue Soldaten für neue Schlachten, Mütter in der Welt, dann gibt es nur eins:

Sagt NEIN! Mütter, sagt NEIN!

Denn wenn ihr nicht NEIN sagt, wenn IHR nicht nein sagt, Mütter, dann: ...

dann wird der letzte Mensch, mit zerfetzten Gedärmen und verpesteter Lunge, antwortlos und einsam unter der giftig glühenden Sonne und unter wankenden Gestirnen umherirren, einsam zwischen den unübersehbaren Massengräbern und den kalten Götzen der gigantischen betonklotzigen verödeten Städte, der letzte Mensch, dürr, wahnsinnig, lästernd, klagend – und seine furchtbare Klage: WARUM? wird ungehört in der Steppe verrinnen, durch die geborstenen Ruinen wehen, versickern im Schutt der Kirchen, gegen Hochbunker klatschen, in Blutlachen fallen, ungehört, antwortlos, letzter Tierschrei des letzten Tieres Mensch –

all dieses wird eintreffen, morgen, morgen vielleicht, vielleicht heute nacht schon, vielleicht heute nacht, wenn -- wenn --

wenn ihr nicht NEIN sagt.''

Es gibt ein gottwidriges Tun auf dieser Welt, das ist, einen Krieg so mutwillig zu beginnen, wie er in diesen Tagen zu beginnen droht. Alles, was wir in dieser Kirche tun, ist geheuchelt und gelogen, wenn es am 15. Januar dahin kommt. Es ist aber so, daß wir Zeugen dessen waren, wie es dazu kam.

In den Vereinigten Staaten gibt es ein Spiel für Jugendliche. Der eine setzt sich in dieses Auto und der andere in ein anderes. Dann fährt man in rasendem Tempo frontal aufeinander zu, und ein Feigling ist, wer zuerst ausweicht. Chicken driving nennt sich das. Dies ist die Art der Politik, die wir heute erleben. Wo gibt es eine internationale Vernunft, die es verbietet, Chicken driving für Diplomatie zu erklären?

Sagt nein!

Amen.

GEORGE BUSH KANN NICHT WARTEN

14. 1. 1991

Die Szenerie mutet gespenstisch an. Da steuert die Regierung des Irak ebenso wie die US-Administration seit Monaten auf einen Krieg zu, und es erhebt sich weit und breit kaum eine Stimme von Einfluß, um dem drohenden Ausbruch der Gewalt entgegenzutreten. Im Gegenteil, fast anerkennend, als handle es sich um ein Pokerspiel, ist zu hören, es gelte jetzt, die Nerven zu behalten.

Der amerikanische Präsident lehnt jeden Kompromiß und jedes Verhandeln als „ein falsches Signal" ab. Will man seinen Worten Glauben schenken, so geht es für ihn nicht um Geld und Öl, sondern darum, ein moralisches Exempel zu statuieren und der Welt zu zeigen, daß Aggression sich nicht lohnt. Saddam Hussein ist für ihn ein zweiter Hitler, die Annexion Kuwaits „die größte Herausforderung seit dem Zweiten Weltkrieg".

Einen „Krieg bis zum endgültigen Sieg" verkündet dementsprechend Verteidigungsminister Cheney; ein zweites Vietnam werde es nicht geben. „Fürchterliche Konsequenzen", „Schwimmen im eigenen Blut", „tausendfache Vergeltung" – das sind die Drohungen, mit denen die USA, der Irak und im Hintergrund Israel in Aussicht stellen, was wir vielleicht in wenigen Tagen bereits als schreckliche Wirklichkeit erleben werden.

Eine Million Soldaten, hochgerüstet mit allem, was die Waffenarsenale zu bieten haben, stehen einander gegenüber, bereit, sich gegenseitig mit Napalm zu verbrennen, mit Giftgas zu verätzen, mit Viren und Bakterien in den sicheren Tod zu schicken – 400 Atombomben halten die Amerikaner allen Ernstes für einen möglichen Einsatz bereit.

Nein, dies wird kein zweites Vietnam, schon deshalb nicht, weil damals die Militärs immer wieder auf die Meinung der Weltöffentlichkeit und die Stimmung der Politiker Rücksicht nehmen mußten – sie durften z. B. nicht, was sie leichthin gekonnt hätten, die Reisterrassen im Norden Vietnams zerstören. Diesmal dürfen und werden sie alles zerstören, was zu zerstören sie für militärisch erforderlich halten.

In dieser Situation, schreibt die *Washington Post,* seien 63 Prozent der US-Bürger notfalls für einen Krieg, falls Kuwait nicht bis zum 15. Januar geräumt sei. Wenn ein Krieg 1000 US-Soldaten das Leben kosten würde, so wären es allerdings nur noch 44 Prozent, und nur 35 Prozent bejahen einen Krieg, der mehr als 10 000 Amerikaner das Leben kosten könnte.

Doch trotz der absoluten Luftüberlegenheit der US-Luftstreitkräfte am Golf kann ein Krieg auch auf amerikanischer Seite durchaus noch weit mehr Opfer fordern, und selbst wenn nicht – was ist mit den Zehntausenden arabischer Frauen und Kinder, die dieser Krieg aller Wahrscheinlichkeit nach vernichten wird? Sind sie keine Menschen? Sind die Erklärungen der Menschenrechte für sie nicht geschrieben?

Offenbar ist unsere Form von Ethik immer noch steinzeitlich genug, daß sie jenseits der Grenzen der eigenen Gruppenzugehörigkeit keine Menschen mehr wahrnimmt. „Kuwait muß geräumt werden" – ja, aber muß auch das Sabach-Regime zurückkehren? Und warum nicht in Ruhe die Wirtschaftsblockade aufrechterhalten, selbst wenn sie 12, 15 oder 20 Monate dauern müßte?

Man müßte nur warten. Doch George Bush kann nicht warten. Er, den man so oft als unentschlossenen Zauderer verspottet hat, steht nun selbst unter dem Zugzwang seiner großsprecherischen Phrasen von kompromißloser Härte und ultimativer Drohung. Endlich sind die USA wieder die Ordnungsmacht Nummer Eins, endlich sind sie einem Krieg nahe, der sie das Vietnam-Trauma vergessen läßt.

„Wer nicht schießen will, muß reden", sagte Hans-Dietrich Genscher dieser Tage. Herr Bush will offenbar schießen. Er hat bis jetzt nicht ein einziges Mal in dieser Krise das Gespräch gesucht. „Mit Verbrechern redet man nicht." Basta. Als ob ein Krieg dem Verbrechen der Kuwait-Besetzung nicht noch ein tausendfach größeres Verbrechen hinzufügen würde!

Und wir Deutsche? In mehr als dreißig Jahren war es nicht möglich, in der Bundesrepublik Geld für die Linderung der Not der palästinensischen Flüchtlinge aufzutreiben. Jetzt aber, wo es gilt, unsere Solidarität mit den USA unter Beweis zu stellen, haben wir im Handumdrehen 3 bis 4 Milliarden Mark zur Verfügung.

Eine Lösung der Golfkrise wäre bei einem ernsten Willen, den Krieg zu vermeiden, auch jetzt noch nicht unmöglich. Zu Recht fragt die arabische Welt, warum es trotz zahlreicher UNO-Resolutionen nicht möglich war, Israel zur Räumung der Westbank und des Gaza-Streifens zu bewegen.

Für die Räumung Kuwaits müßte im Gegenzug endlich eine internationale Nahostkonferenz einberufen werden. Der internationale Waffenhandel in der Region müßte kontrolliert werden. Eine wirksame Abrüstung einschließlich der Atomwaffen Israels müßte das Ziel sein.

In jedem Falle müßte verhandelt werden. Doch dazu müßte man das Veto der USA und den Einspruch Israels außer Kraft setzen. Entscheidend aber ist dieses: Selbst am Ende des zweiten Jahrtausends nach Christus erscheint uns der Krieg noch immer nicht als der Inbegriff aller denkbaren Verbrechen, sondern nach wie vor als eine Möglichkeit der Fortführung der Politik mit anderen Mitteln.

Man solle für den Frieden beten, sagen die Führer der Kirchen. Doch so billig kommen sie nicht davon. Sie hätten die Pflicht, Mut zu beweisen und entsprechend ihrer eigenen Lehre einen Krieg zu *ächten,* von dem man eines ganz sicher weiß: Er wird weit mehr Zivilisten töten als Soldaten an der Front, er wird zwischen Kämpfenden und Nichtkämpfenden keinen Unterschied machen, er wird den einfachsten moralischen Bedingungen eines „sittlich erlaubten Krieges", wenn es ihn je gab, auf zynische Weise Hohn sprechen. Er wird Folgen haben, die politisch niemand kalkulieren kann – er wird das einzige „Signal" sein, das mit aller Sicherheit menschlich absolut falsch ist.

Mit Saddam Hussein ließe sich fertig werden. Mit unserer kriegslüsternen Machtgier und Rechthaberei offenbar nicht. Ein unsinniger und unnötiger Krieg ist in sich selber zutiefst unmoralisch.

ES WAR NICHT UNAUSWEICHLICH

18. 1. 1991
Liebe Bürgerinnen und Bürger,
wir haben vor drei Tagen, am 15. Januar 1991, hier
gestanden, um so laut, wie wir konnten, und so leiden-
schaftlich, wie wir konnten, zu sagen: Wir wollen keinen
Krieg! Wir wollen diesen Krieg nicht, und wir wollen
überhaupt keinen Krieg! Heute haben wir Krieg. Wir
stehen heute hier, um wieder und wieder zu sagen:
Beendet die Bombardements über Kuwait und Irak!
18 000 Tonnen Bomben an einem Tag über Bagdad. Das ist
das Doppelte der Bombenmenge, die auf Dresden nieder-
ging. Jeder, der über fünfzig Jahre alt ist, könnte aus der
Erinnerung der Kindertage wissen, was es bedeutet,
wenn Straßenzüge in Flammen stehen, wenn ein Feuersturm von zweitausend angreifenden Bombern eine Stadt
wie Hamburg oder Köln vernichtet! Das ist das Gesicht
des modernen Krieges – und ihm wohnen wir bei. Es
ist eine Täuschung, zu glauben, daß der Anfang des Krieges identisch sei mit seinem Ende. Die Ausschaltung der
elektronischen Leitsysteme, die Punktbombardierung
der Langstreckenraketen des Irak, die Ausschaltung
seiner Giftgasfabriken oder der geplanten atomaren
Waffenschmieden sind das Vorspiel zu dem, wovon ich
sage, daß wir es erleben werden: Es wird Napalm regnen
entlang den Schützenstellungen der irakischen Soldaten.
Napalm ist keine Waffe, sondern seit mehr als dreißig
Jahren vom Völkerrecht geächtet. Die Amerikaner in den
B-52-Bombern haben ihre Erfahrungen aus der Bombardierung ganzer Teile von Südvietnam. Sie wissen, was sie
anrichten.

Darum sagen wir den GIs in den amerikanischen Bombern, in den französischen Mirages, in den britischen Tornados: Was ihr da macht, ist kein „Job"! Es ist verbotenes Töten von Menschen, und das ist das Problem! Wir sagen den Militärs und Politikern der Alliierten: Nach spätestens zwei Tagen habt ihr gezeigt, was ihr könnt. Kein Mensch zweifelt an der absoluten Luftüberlegenheit der alliierten Bomberflotte am Golf. Also könnt ihr ohne Gesichtsverlust die Angriffe einstellen und zu dem zurückkehren, was ihr vor vier Tagen hättet tun sollen: verhandeln ohne Demütigung! Vor allem fordern wir in dieser Stunde, daß die Politiker aufhören, in den Parlamenten Europas den Einsatz der gesamten Vernichtungskapazität von über 500 000 alliierten Soldaten aus 28 Ländern als unausweichlich zu rechtfertigen. Das, was jetzt geschieht, war nicht unausweichlich, und die, die wir vor drei Tagen hier standen, wußten es, genauso wie diejenigen, die es heute anders behaupten. Noch am vergangenen Dienstag, während wir hier sprachen, wurde über Mitterrands Plan diskutiert, für den Rückzug Iraks aus Kuwait eine Nahostkonferenz zur Lösung des Palästinenserproblems anzubieten. Die europäischen Länder haben zwanzigmal die Einsetzung einer internationalen Nahostkonferenz zur Lösung dieses Problems gefordert. Sie ist regelmäßig am Veto der Vereinigten Staaten gescheitert. Letzten Dienstag ist der einzige Ausweg aus dem drohenden Krieg, aus dem Massaker an Tausenden von Menschen am Veto der USA und der Briten gescheitert. Das war nicht unausweichlich!

Wenn es aber nicht unausweichlich war, dann tragen wir Schuld, die wir es gesehen haben. Mehr als fünf Monate lang haben wir gesehen, wie die Welt auf diesen Krieg zutrieb. Und wir haben so getan, als ob die Mechanik der Drohung selber den Frieden gebären würde, wären wir nur stark und mutig. Was wir in diesen Tagen erleben, ist der

Zusammenbruch der NATO-Philosophie: „Je stärker unsere Armee, desto sicherer der Friede". Noch vor vier Tagen konnten wir hören, daß eine starke Armada am Golf den Krieg unwahrscheinlich und den Frieden sicher mache. Genau das ist nicht der Fall! Günstig dem Frieden ist nicht eine starke Armee, sondern überhaupt keine Armee!

Zum erstenmal seit der Wiederbewaffnung Deutschlands im Jahre 1956 müssen sich die jungen Männer im Alter von 18 Jahren nach der Wahrheit und Berechtigung dessen fragen, was man ihnen gesagt hat und was man ihnen noch sagen wird: „Greift zu den Waffen, um den Frieden zu retten und den Krieg zu vermeiden." Genau das stimmt nicht. Sondern: wer A sagt, muß auch B sagen, wenn er zum Kriegsdienst eingezogen wird. Genau das erleben wir heute! Also entsteht für viele, die heute bei der Bundeswehr sind und den Fahneneid geleistet haben, eine völlig neue Situation: Es ist möglich, dank besserer Einsicht einen Eid zu widerrufen. Wir können nur all denen, die am Rande stehen, die nicht selber betroffen sind, sagen: Habt Verständnis für die Leute, die mit 18, 20 oder 25 Jahren womöglich in den schwersten Gewissensnöten ihres Lebens stehen. Helft ihnen und habt für sie Verständnis! Hört auf, sie Feiglinge oder Drückeberger zu nennen!

Das Böse im 20. Jahrhundert hat vor allem ein Gesicht: es ist grau, langweilig und in der Anpassung trainiert. Viel mutiger als mitzumachen, indem man in 15 000 Metern Höhe Kaffee trinkt und die Bombenschächte in den B-52 über dem Irak öffnet, ist es, nein zu sagen und womöglich die Mißachtung durch die eigene Umwelt zu riskieren, auch als amerikanischer Soldat. Ich begreife nicht, warum wir mutig nur das nennen sollen und dürfen, was wir in Tausenden von Jahren in den Schlachthöfen der Geschichte gelernt haben. Zivilcourage ist der beste Mut, und der lautet heute: Nein zum Krieg, zu jedem Krieg!

Ich höre sagen, der Angriff auf den Irak habe stattfinden müssen, um die Waffenschmieden eines unverantwortlichen Aggressors und internationalen Terroristen vom Format Saddam Husseins auszuschalten. Wie gehen, frage ich, denn wir mit Völkern um? 80 Prozent der Waffen, über die der internationale Terrorist Saddam Hussein heute verfügt, sind von drei ständigen Mitgliedern des UNO-Sicherheitsrates, China, Sowjetunion und Frankreich, geliefert worden. Soll uns dies als politische Vernunft gelten? Erst verdienen wir daran, ein Schwein zu mästen, dann wird es uns zu wild, dann verdienen wir daran, es abzuschlachten, und nennen dies dann noch moralische Verantwortung. Es ist absurd, was wir da treiben! Vor allem gilt es zu begreifen, daß selbst die Ausschaltung der Giftgasfabriken Saddam Husseins – wesentlich von Deutschen geliefert – keinen Krieg notwendig gemacht hätte. Wir haben gesehen, wie in Libyen die Anlagen der Imhausen AG auch ohne Krieg außer Kraft gesetzt wurden. 1981 haben die Israelis gezeigt, wie man die irakischen Atomanlagen bei Bagdad mit einem einzigen präzisen Schlag vernichten konnte. Auch ohne Krieg. Das Problem ist nicht Saddam Hussein. In ihm kulminieren all die Fehler aus den letzten vierzig Jahren in Nahost, wo wir nichts gesehen haben als Öl und Macht, statt Menschen mitten in der Verzweiflung: zwei Millionen Palästinenser am Rande des Abgrundes, genährt mit einem jahrzehntelangen Haß. Wir haben kein Recht, den Stab über andere zu brechen für das, was wir selber angerichtet haben.

Ich höre sagen, der Einmarsch in Kuwait sei ein Piratenstück, geboren aus der Raubgier Saddam Husseins, den Konkurs seiner Kassen in Höhe von etwa 60 Milliarden Dollar aufzuhalten. 60 Milliarden erfordert allein der

Aufmarsch der Alliierten am Golf, und der Krieg wird das Vielfache davon verschlingen. Also hätte man auch ohne Krieg Finanzprobleme finanziell statt militärisch lösen können – bei einigermaßen gutem Willen zur Entschuldung.

Dies aber müssen wir heute sagen: Es gibt keine Entschuldigung für den Krieg! Er ist nichts weiter als der tausendfach befohlene Mord! Menschen werden angewiesen, Menschen zu töten – das ist das Gesicht des Krieges. Immer wieder wird uns gesagt, wir hätten Angst vor dem Krieg. Es ist wahr, wir haben weiß Gott Angst vor einem internationalen Chaos, das im Nahen Osten ausbrechen könnte. Wir haben Angst vor den Umweltzerstörungen. Weit schlimmer aber als die Angst vor den Folgen dieses Krieges ist das Grauen vor den Menschen um dessentwillen, was im Krieg ein Mensch dem anderen zufügen muß. Angst mag man haben, getötet zu werden. Das wirkliche moralische Problem dieser Stunde jedoch ist das Problem jedes Krieges: daß Menschen auf Befehl andere Menschen töten. Dies möchte ich: daß endlich eine Generation heranwächst, die aufhören kann, sich dafür zu schämen, daß wir Menschen sind und keine Tiere; denn diese führen keine Kriege. Was wir in der Rüstungsindustrie und in der Art der Kriegsführung der US-Armee erleben, ist das befohlene, fabrikmäßige, pünktliche Töten im Takt eines maschinenhaften Programms. Präzise genau und furchtbar. Dies aber ist einzig dazu zu sagen: Kein Mensch hat das Recht, den Krieg zu verkünden, er ist ein für allemal am Ende. Er ist keine Möglichkeit des politischen Handelns im 20. Jahrhundert. Es gibt für ihn keine moralische Rechtfertigung mehr.

Also frage ich in dieser Stunde, wo die moralischen Führer des Volkes geblieben sind, vornehmlich unsere eigenen Kirchen. Sie haben uns in diesen Tagen aufgefordert zu beten. Das mag gut und recht sein. Aber sie haben dazu gesagt: „Zwar wollen wir keinen Krieg, aber es gibt Situationen, in denen er vielleicht nicht vermeidbar ist. Wir aber sind schwach und hilflos." Ich sage: Wir sind überhaupt nicht schwach und hilflos! Wenn wir wollen und wenn wir uns zu Hunderttausenden zusammentun und wenn wir immer wieder sagen: Wir wollen keinen Krieg!, sind wir überaus stark; denn wir sind das einzige, was die Regierenden noch fürchten werden. Also bringen wir ihnen diese Furcht vor unserem Friedenswillen bei!

Was aber fehlt, ist ein entschiedenes Nein zum Krieg. Jahrhundertelang haben Theologen darüber nachgedacht, ob es einen gerechten Krieg gibt oder ob es keinen gerechten Krieg gibt. Immer waren sie auf der Seite der Herrschenden, wenn sie sagten, daß vielleicht doch ein gerechter Krieg sein könne; mutmaßlich der, der gerade erklärt wurde. Ich sage: Es hat nie einen gerechten Krieg gegeben, und es wird nie einen gerechten Krieg geben! Jeder Krieg ist die Summierung und Zusammenfassung aller Inhumanitäten, Grausamkeiten und Verbrechen, die Menschen jemals über Menschen bringen können. Also wollen wir nicht hören, wie auch seine Heiligkeit, der Papst, sich zurückzieht zum Gebet in den vatikanischen Gemächern. Wir wollen hören, wie er sagt: Nein zum Krieg! Die gleiche Kirche, die sich traut, im Intimleben der Individuen jedes Detail festzulegen: ob es Sünde ist oder ob es erlaubt ist, ob man dafür in die Hölle oder in den Himmel kommt, wird das tausendfache Morden doch wohl noch mit Nein und mit Ächtung zu belegen wagen dürfen! Gott jedenfalls verleiht uns nicht den Seelentrost, daß wir zu ihm beten, lediglich weil wir zu faul waren, aufzustehen zum Widerstand. Vermutlich wird Gott eines Tages zu uns sagen: „Wenn ihr kommen wollt zum Beten, dann nicht in meine Kirchen! Dann geht in die Banken, die die Kriege finanzieren! Dort betet an: den einzig wahren

Gott, an den ihr glaubt, den unsichtbaren Regenten aller Dinge dieser Welt. Schaut euch sein bluttriefendes Maul an, und wie er eure Frauen und Kinder schändet und erwürgt, den betet an, den ewigen Moloch Geld!"

Also können wir, in Zusammenfassung aller Gefühle, deren wir fähig, und aller Gedanken, deren wir mächtig sind, nur sagen: Ein Krieg ist das Ende jeder Menschlichkeit, und es gibt aus dem Krieg kein Zurück in die Menschlichkeit! Es ist nicht wahr, was sich Ernst Jünger ausdachte: daß man aus dem Krieg als dem Stahlgewitter der Seele zurückkehrt als ein Held. Wer gelernt hat, auf Befehl Menschen zu töten, ist ein seelisch zerbrochener Mensch und wird von seinen Schuldgefühlen, wenn er sensibel ist, nie wieder genesen. Jede Zivilisation basiert auf Regeln des Zusammenlebens, die im Krieg zerstört werden. Dagegen ist dies heute meine Hoffnung: daß wir Bewohner der Großstädte – im Jahre 2010 drei Viertel der gesamten Menschheit – einfach durch die Urbanität des Zusammenlebens kriegsunfähig werden. Heute schon wären die amerikanischen GIs zu dem, was sie tun, außerstande, wenn sie es tun müßten von Angesicht zu Angesicht mit den Menschen, die sie vernichten. Also gebrauchen wir die Phantasie, uns konkret vorzustellen, was passiert. Und dann sagen wir: Schluß mit dem Krieg!

Den Lehrern aber, die sich in diesen Tagen schwertun, ihre Schüler an Demonstrationen gegen den Krieg teilnehmen zu lassen, sagen wir: Eure sechzehnjährigen Jungen in den Schulen stehen in zwei Jahren, einfach weil sie Jungen sind, vor der Frage: Gehe ich zum Wehrdienst oder nicht? In diesen Tagen läßt sich etwas lernen, das keine Schulstunde ersetzen kann: durch Anschauung und Erfahrung.

Seit der Nacht zum Mittwoch dieser Woche darf nichts mehr so weitergehen wie bisher. Ab sofort und endgültig ist es nicht mehr möglich, einfach seinem Job nachzugehen, einfach sein Geld zu verdienen oder, wie Helmut Kohl dieser Tage sagte, weiter seine Pflicht zu tun. Die Pflicht heute ist, der Menschheit von morgen zu sagen: Nie wieder Krieg, und unter keinem Umstand!

Deshalb gebührt mein ganzer Dank Ihnen, die Sie heute hier sind. Wenn es inmitten dieser blutgetränkten Geschichte, wenn es in diesem grausamen 20. Jahrhundert eine einzige verbleibende Hoffnung gibt, dann ist es die, daß eine Generation von Jugendlichen heranwächst, die den Krieg nicht mehr kennenlernen wird und die nicht mehr unter der Pflicht steht, das Töten zu lernen.

Darum möchte ich schließen mit dem Aufruf an unsere eigene Regierung in der Bundesrepublik: Wir haben im letzten Jahr die große Chance der Wiedervereinigung erlangt. Was wir als Deutsche tun können, fünfzig Jahre nach dem Desaster des Zweiten Weltkrieges, wäre, der Menschheit zu sagen: Von uns ist das furchtbarste kriegerische Verbrechen in diesem Säkulum ausgegangen. Also sind wir das Volk, das als erstes freiwillig auf jede Form von Rüstung verzichtet. Wir gehen zurück auf den Rapacki-Plan der fünfziger Jahre: ein Disengagement, eine waffenfreie Zone. Und das Geld, das dann verbleibt, gehöre den Habenichtsen dieser Erde, den ewig Benachteiligten, denjenigen, die wir die Länder der Dritten Welt nennen, obwohl sie unsere Schwestern und Brüder sind!

Wir wollen nicht mehr hören, wie man immer noch debattiert, ob wir nun den Jäger 90 für 100 Milliarden Mark brauchen oder nicht. Diese Spezies von Vögeln will die Evolution nicht, weil sie daran zerbrechen wird! Schlimmer womöglich als der Krieg, dessen Zeugen wir gerade werden, könnte es sein, wenn nach der Niederringung des Irak diejenigen obsiegen würden, die es immer schon gewußt haben: wie man stark ist, wie man draufhält, wie man sich durchsetzt und wie man den militärisch-industriellen Komplex weiter füttert bis zum Bersten der Umwelt und der Menschen. Diesen muß das Handwerk gelegt werden, indem wir sagen: Wir haben nicht aus Angst uns hier versammelt, sondern aus moralischem Empfinden. Wir wollen das Ende dieses Krieges und jedes Krieges aus einer sittlichen Forderung! Wir haben keine Angst, aber wir machen denen Angst, die erst auf uns hören, wenn wir uns zu Hunderttausenden versammeln. Also hören wir nicht auf, uns zu Hunderttausenden zu versammeln!

Der Pazifismus ist eine ungeheure Macht, wenn er aus der Sicherheit und Stabilität des Herzens kommt. Und keine Kraft auf dieser Welt ist größer als die Sanftmut. Sie taut die Eisberge ab. Und nasse Füße bekommen nur diejenigen, die ewig weiter übers Eis gehen zu können glauben – selbst bis es bricht.

DIE ZUKUNFT IST EINE PAZIFISTISCHE, ODER SIE IST GAR KEINE

20. 1. 1991

Sie können mir glauben, daß ich heute gerne Lesung und Evangelium mit Ihnen durchgehen würde. Über den Propheten Jona habe ich schon oft gesprochen und über Johannes den Täufer auch. Aber nichts geht in diesen Tagen so weiter, wie es ging, *denn wir haben Krieg,* und also haben wir kein Recht, mit Gott zu sprechen und von Gott zu sprechen, wie wir's gewöhnt sind. Krieg, das ist der Sperriegel zwischen Gott und den Menschen, zwischen Himmel und Erde. Solange wir ihn nicht entfernen, ist nichts in Ordnung. Es gibt nicht einmal ein Recht, einen Bittgottesdienst um den Frieden abzuhalten. Gott wird sagen, was wir jedem achtjährigen Kommunionkind beibringen: „Wenn du kommst und deine Sünden gestehen willst und auf Vergebung hoffst, entwickle ein Konzept, dein Tun wiedergutzumachen." Die einzige Art, das wiedergutzumachen, was jetzt geschieht, ist, laut zu schreien in allen Kirchen und von allen Kanzeln und an jeder Straßenecke: *Hört auf mit dem Krieg!* Es gibt kein Recht, so fortzufahren!

Heute nacht hören wir, daß wir uns für Wochen auf das Spektakel einrichten können: Bombardement über Bombardement, 24 Stunden täglich, über Bagdad, über Mossul, über Basra, über Kuwait, mit einer Gewalt, die doppelt so schlimm ist wie die Bombardierung Dresdens. Was uns die Medien präsentieren, ist Videospiel. Da sieht man, wie die Targets formuliert werden, wie die Raketen abgeschossen werden, wie ein Blitz aufflammt, der den erfolgreichen Abschuß der Rakete bestätigt. Was man uns nicht zeigt, sind die mit Sicherheit Tausenden von Toten.

Dies hat man aus dem Vietnam-Krieg gelernt: daß man der eigenen Bevölkerung nicht zeigen darf, was für Opfer man anrichtet. Wir aber müssen sagen: Die Leute, die jetzt aus den Tornado-Bombern, aus den Mirages, aus den B-52 aussteigen, verrichten keinen Job wie irgendeinen anderen; was sie verrichten, ist das befohlene Töten von Menschen, tausendfach und immer wieder. Und wir wissen, daß die Militärs, wenn sie Informationen herausgeben, Zwecklügen verbreiten. Sie lügen schon in der Vorbereitung. Noch vor Wochen hat man uns gesagt: „Das Ganze wird sich rasch erledigen, ein chirurgischer Schnitt, wir können das." Nicht nur, daß wir dies nie hätten können dürfen – jetzt wissen wir, es wird lang dauern, es wird blutig werden, es werden viele Särge kommen. Und dann wird es sogar einen wirksamen Protest in den USA geben. Wir protestieren immer erst, wenn es uns trifft, nicht, wenn die andern getroffen werden. Bei ihnen mag die Hölle los sein, wir werden davor abgeschirmt, sie auch nur zu sehen. Und *daß* wir nicht sehen, was wir machen, ist die Bedingung dafür, daß wir es überhaupt machen können.

In diesen Tagen hörte ich die Politiker sagen, sie seien erschüttert und betroffen. Ich bin nicht erschüttert und betroffen. Dies haben wir wochenlang kommen sehen. Ich bin entsetzt, empört, wütend und verzweifelt. Dies *hätte* nicht passieren dürfen, aber wir sahen es kommen und waren am Ende sogar einverstanden.

Das, was hier geschieht, ist ein Schock auf mindestens drei Ebenen. Alles, was ich dazu sagen kann, sind Anregungen zur Diskussion, keine unfehlbaren Wahrheiten, aber vielleicht Hinweise, es zu ordnen.

Der erste Schock ereignet sich politisch, an der Oberfläche, in wichtigen Lebensbereichen und zentralen Ordnungssystemen des Zusammenlebens. Daß wir in unserer

Welt uns eingerichtet haben in dem Bewußtsein, ein demokratisch geordnetes, rechtsstaatlich begründetes, zivilisiertes und humanisiertes Gemeinwesen vorzufinden, dies erweist sich in diesen Tagen als Lüge. Daß unsere Wirtschaft in vielen Teilen korrupt ist, konnten wir wissen, haben wir gewußt; aber jetzt ist es zu Ende mit der Duldsamkeit und mit der Toleranz, ein für allemal. Die Art, wie wir mit den Ländern der Dritten Welt umgehen, ist ein für allemal zu Ende. Wir verschrotten die Produkte unserer Rüstungsindustrie, indem wir sie diesen Leuten in einem großen Bilderbuchkatalog vorlegen. Wir erzählen ihnen: „Wenn ihr alles das kauft, die Raketen, die Panzer, die Feuerleitsysteme, seid ihr unschlagbar, seid ihr die Besten und die Größten; ihr müßt nur all das kaufen, was wir hergestellt haben." Und wenn sie das getan haben und sich einbilden, was wir ihnen erzählten, dann erscheinen sie uns als frech und hochmütig, dann müssen wir sie bestrafen. Und plötzlich erklären wir ihnen, daß wir noch ganz andere Dinge haben, auf die sie nicht vorbereitet sind. Darauf setzen wir, das sind unsere Geheimwaffen, damit drohen wir. Wir geben ihnen aber nicht einmal eine Chance, die Drohung wirklich zu begreifen. Im Tierreich hat Drohen im Kommentkampf einen Sinn, da weiß jeder Hirsch, was er vor sich hat, er sieht die Muskeln seines Gegners, er sieht seinen Kopf, er sieht sein Geweih. Wir Menschen geben einander keine Chance. Es war Albert Einstein, der 1942 beim Bau der Atombombe von Los Alamos sagte: „Wenn wir das Ding zünden, müssen wir die Generäle dazu einladen, damit sie *sehen,* was ihnen bevorsteht." Man hat das *nicht* getan. Man hat den Japanern nicht die geringste Warnung gegeben, man ist von den Marianen aus gestartet und hat die Bombe abgeworfen. Und als jeder sehen konnte, was in Hiroshima passierte, hat man das gleiche, weil's so schön war, über

Nagasaki noch einmal gemacht. Schnell hunderttausend Tote mehr, es kommt offenbar nicht darauf an. Dies hier ist genauso. Die Irakis mögen wahnsinnig und hochmütig gewesen sein, aber was der Westen parat hat an Rüstungsmitteln, das konnte Saddam Hussein vermutlich wirklich nicht wissen. Was ein Tarnkappenbomber ist, wußten nicht einmal die Sowjets. Oder was passierte, als am 16. November die Amerikaner ihren Aufklärungssatelliten starteten, fähig, am Boden Gegenstände von dreißig Zentimetern Größe zu entdecken. Jede Ratte läßt sich da beobachten. Dies konnte man wirklich nicht wissen. Jetzt können es alle wissen, und jetzt wäre die Forderung, zu sagen: „Wir hören damit auf, wir machen eine Besinnungspause, wir schlagen nicht einfach zu, weil wir dran sind, immer weiter, fabrikmäßig, indem wir den Tod produzieren. Wir machen ein Moratorium, um zu überlegen, wohin wir gekommen sind." Und plötzlich erklären uns die Militärs, daß es kein Halten mehr gibt, jetzt bestehen die Sachzwänge. Der Point of no return ist endgültig überschritten.

Wir haben in unserem gesamten politischen Konzept die Unschuld verloren. Dreißig Jahre lang hat man uns gepredigt, daß wir den Frieden sichern, wenn wir eine starke, schlagkräftige, wirkungsvolle Armee haben. Heute begreifen wir, daß dies vielleicht glücklicherweise zwischen Ost und West funktioniert hat; es funktioniert überhaupt nicht zwischen Nord und Süd. Was für eine politische Moral erwarten wir denn im Irak, wenn wir uns darüber beschweren, daß dort ein grausamer Diktator herrscht? Und unzweifelhaft herrscht dort ein grausamer Diktator. Aber im Irak hat noch nie etwas anderes geherrscht als ein grausamer Diktator. Der heutige Irak ist das Produkt von Jahrhunderten osmanischer Türkenherrschaft und anschließender englischer Kolonialpolitik. Bis 1961 war Kuwait ein Protektorat der Briten zur Förderung von

Erdöl, nichts weiter, und dann hat man gesagt: „Wir richten eine Regierung ein, die da so weitermacht." Und natürlich wollen wir, daß man da so weitermacht. Das Öl von Kuwait gehört nicht Saddam Hussein, aber auch *uns* gehört es nicht. Wenn das Öl im Wüstensand Arabiens jemandem gehört, dann der arabischen Nation, wenn es sie je geben sollte.

Die Probleme, die wir jetzt vor uns sehen, werden uns ins kommende Jahrtausend begleiten. Die Völker der Dritten Welt haben auf dem Weltmarkt nur eine einzige Waffe: ihre Rohstoffe, und die werden sie gegen uns einsetzen, indem sie die Preise erhöhen, höchstwahrscheinlich bis auf das Fünf- und Sechsfache. Sie haben ein Recht, das zu tun, denn sie haben anders keine Chance, ob uns das paßt oder nicht. Werden wir dann jedem an den Hals gehen, der uns die Dinge so verkauft, wie *er* sie braucht, statt wie *wir* sie brauchen? Grade sind wir dabei, der Welt beizubringen, daß wir alles können, weil wir die besten Waffen haben. Aber übermorgen werden auch die Schwachen, die Habenichtse von heute, starke Waffen und sogar eine Atombombe haben. Wollen wir dann gegen jeden Krieg führen?

Es gibt in dieser Welt nur eine einzige Chance: daß wir uns zusammensetzen und die entstandenen Probleme gemeinsam lösen statt durch Verteilung von Gut und Böse und Recht und Unrecht nach unserem Gutdünken.

Vor allem aber müssen sich all die Jungen, die heute achtzehn Jahre alt sind, fragen, was sie tun, wenn man sie zum Wehrdienst ruft. Wir haben geglaubt, unschuldig zu bleiben, indem wir das Töten lernen, um es nur nie zu handhaben. Ein für allemal wissen wir, daß, wer das Töten lernt, um damit zu drohen, seine Drohung ernst meinen muß, oder sie gilt nicht. Was aber ist er dann, wenn er bereitsteht, auf Befehl zu töten, massenweise zu töten? Und gibt es dazu irgendein Recht?

Das ist der wirkliche Schock dessen, was sich in diesen Tagen begibt: Wir sind mit unserer politischen Philosophie aus der NATO-Ära endgültig am Ende. Wir haben in jedem Betracht unsere Unschuld verloren.

Und dieser Schock wirkt bis auf die zweite Ebene, die moralische. Dieser Tage fragte mich eine Lehrerin: „Was soll ich meinen Kindern sagen?" Ich konnte ihr nur sagen: „Das einzige ist, daß Sie den Kindern erklären: Wir als Erwachsene schämen uns vor euch, weil nichts von dem stimmt, was wir euch beigebracht haben. Wir halten uns selber nicht daran." Wenn irgendein Junge auf dem Pausenhof sich mit einem anderen Jungen schlägt, gehen wir dazwischen und lösen den Pulk auf, der da schreit: „Haut se, haut se immer auf die Schnauze!" Wir sagen: „So handelt man nicht als Junge! Worum geht es? Redet miteinander!" Das halten wir für Pädagogik und Erziehung: nicht das Faustrecht des Stärkeren, sondern die Kultur der Sprache. Von Mädchen erwarten wir gar nicht erst, daß sie sich prügeln, kratzen und an den Haaren ziehen, das tut kein Mädchen! Die Hälfte der Menschheit führt überhaupt keinen Krieg, solange es irgend zivilisiert zugeht. Aber auch Jungen sollten ihn nicht führen. Vom Sandkasten bis zum Schulhof begreift man das. Aber wenn ein Junge achtzehn Jahre alt ist, soll das alles nicht mehr gelten? Dann dreht sich plötzlich die Logik, und er hat erwachsen zu sein, indem er begreift, daß Recht nur Recht bleibt, wenn dahinter der Cowboy mit der Pistole oder dem Repetiergewehr steht. Ist es das, was wir lernen müssen in dieser Welt?

Noch viel schlimmer: Ein Kind, das heranwächst, hat ein Recht, zu glauben, daß die Erwachsenen Vertrauen und Respekt verdienen. Es hat ein Recht, in eine Welt hineingeboren zu werden, in welcher der Krieg eine moralische Unmöglichkeit darstellt. Grade das ist nicht der Fall. Ich selber erinnere mich, wie es war, als ich mit zehn Jahren zu begreifen begann, daß das, was in den Zeitungen steht, etwas anderes ist als in einem Tier- oder Fabelbuch oder in Felix Dahns „Ein Kampf um Rom", daß das buchstäblich so stimmt: 1950 Korea, Gemetzel in Pusan.

„Vater, was heißt ‚Gemetzel'?"

„Das erklär' ich dir später."

Aber ich wußte mit zehn Jahren, was das heißt. Es heißt, daß man Menschen aufspießt wie Schweine, daß man von Flugzeugträgern aus über 30 km Entfernung in Menschenmengen hineinschießt, daß die Flüsse rot von Blut sind, daß da Treibjagd gemacht, ein Kesssel um Menschen gebildet und hineingeschossen wird wie auf wilde Tiere. Das ist die Wirklichkeit. Welch ein Kind begreift denn, daß das die Wirklichkeit ist, die die Menschen anrichten?

Und sie hören nicht auf damit! Sie finden es alle zwanzig Jahre ganz normal, vernünftig und gerecht, so zu tun; sie haben am Ende sogar die *Pflicht,* so zu tun; sie haben ein völlig unschuldiges Gewissen. Ich könnte begreifen, daß ein amerikanischer Präsident den Krieg erklärt, indem er weint und heult und mit den Zähnen knirscht und verzweifelt ist, weil es keine andere Möglichkeit gibt, so wie beispielsweise die Polen 1939 sagen konnten: „Lieber krepieren wir, als daß wir uns den Faschisten unterwerfen." So mag man, von mir aus, Kriege führen, aber nicht mit der Unschuld, mit der wir dasitzen und scheinbar reine Hände haben, die wir massenweise den Tod verhängen und nicht einmal ausprobiert haben, welche Verhandlungsspielräume wir hätten. Noch am Dienstag hatten wir Verhandlungsspielräume! Das Recht der Palästinenser auf Leben wäre ein Verhandlungsgegenstand gewesen.

Ich höre augenblicklich sagen: „Wer so spricht, gerät in die Gefahr, als Antisemit zu gelten." So verhält es sich nicht. Juden und Araber konnten und können miteinander in Frieden leben, das hat die Vergangenheit gezeigt. Aber wenn Israelis und Palästinenser einen Staat auf demselben Gebiet beanspruchen, können sie nicht miteinander leben. Sie haben aber beide ein Recht, in geordneten Grenzen zu leben. Es war Ben Gurion, der sagte: „Der Zionismus wird widerlegt durch das Leiden eines einzigen arabischen Kindes." Es sind viele tausend arabische Kinder, die leiden, und diese Region in Nahost wird nur zum Frieden kommen, wenn das Palästinenserproblem endlich gelöst wird. Ein Freund des Staates Israel muß dies als erstes wünschen, um Israels willen.

Ich höre ferner sagen: „Saddam Hussein ist ein Aggressor." Richtig. „Er hat Kuwait überfallen, um seinen Staatsbankrott zu verhindern." Richtig. Aber wenn wir's begreifen – welche Spielräume hätten wir gehabt, finanzielle Probleme zu lösen! Allein der Aufmarsch am Golf verursacht Kosten, die so hoch sind wie die Staatsverschuldung des Irak, und das ist nur ein Teil von dem, was dieser Krieg kosten wird. Und ist es dann moralisch gerechtfertigt, einen völlig zerstörten Irak übrigzubehalten, ein völlig zerstörtes Kuwait? „Wir *mußten* Kuwait zerstören, um es zu retten" – ist das die militärische Vernunft?

Alle Regeln, die seit zweitausend Jahren, vom römischen Staatsrecht ausgehend, über die Bedingungen eines sogenannten gerechten Krieges formuliert wurden, stehen in erklärtem Widerspruch zur politischen und militärischen Wirklichkeit am Ende des 20. Jahrhunderts. Also genügt es nicht, wenn der Papst an Saddam Hussein und an George Bush einen Brief schreibt und wenn die Bischöfe auffordern, um Frieden zu beten. Es genügt in *keiner* Form. Es genügt auch nicht, wenn Bischof Kruse einen Tag vor Ausbruch des Krieges erklärt, er könne dazu nichts sagen, er wisse ja heute noch nicht, was er morgen sagen könnte, und im Vaterunser stehe: „Erlöse uns von dem Bösen, denn dein ist das Reich und die Kraft und die Herrlichkeit." Theologische Floskeln beleidigen Gott, wenn Menschen einander töten. *Das* ist die Wahrheit. Es hätte jede moralische Instanz, die sich auf Gott berufen will, heute die bittere Pflicht oder die selige Notwendigkeit, zu erklären, daß ein Krieg moralisch absolut unmöglich ist. Dieselbe Kirche, die erklärt, daß eine Frau, die nicht mehr weiterweiß, eine Mörderin ist, wenn sie ihre Leibesfrucht abtreibt, hat am Ende des 20. Jahrhunderts das Recht und die Pflicht, zu sagen: „Das befohlene Töten von Menschen ist gegen jedes Gottesrecht, und wer sich daran beteiligt, wird aus der Kirche ausgeschlossen." Es wäre die *Pflicht* der Kirche, aus ihrer eigenen Denktradition heraus zu sagen: „Einen gerechten Krieg gibt es nicht, es gibt nur verbrecherische Kriege, gleich für welche Ziele." Eine moralische Unmöglichkeit des Krieges bedeutet, daß wir überhaupt nicht erst mehr darüber nachdenken, ob ein Krieg sein kann oder nicht. Er löst nicht ein einziges Problem, er schafft unentwegt immer neue. Das wußten wir, aber wir haben den Krieg nie ausgeschlossen. Er war uns nie so unmöglich, wie wenn wir überhaupt keine Waffen hätten, wie wenn wir mit der Kuchenrolle und mit der Mistgabel aufeinander losgehen müßten. Immer noch haben wir Spielräume gelassen für die Mächtigen, am Ende doch noch zu tun, was sie wollten. Genau das geht moralisch nicht an!

Ich höre die „Lektion von 1938": die Verhandlungen in München und die Lehre, die daraus zu ziehen wäre, daß Hitler mit Friedensbedingungen und Verhandlungen nicht an die Leine zu legen war. Winston Churchill wird zitiert: „In dieser Stunde der Wahl zwischen Krieg und Schande wählte Chamberlain beides." Wir sind stark und mutig, stolz und kräftig, wir wählen den Krieg und die Würde! – Ist es das, was wir aus 1938 gelernt haben? Wenn wir Hitler hätten bekämpfen wollen, wir, die Deutschen, hätte die katholische wie die protestantische Kirche in Großdeutschland eine ausgezeichnete Chance gehabt. Sie hätte die Bibel lesen müssen mit demselben Ernst, wie die Zeugen Jehovahs das konnten. Sie sagten: „Keinen Kriegsdienst!" Sie gingen lieber in die KZ's, als ihn mitzumachen. *Das* wäre die Widerlegung Adolf Hitlers gewesen.

Nie wieder Krieg! Und das Verbrechen, einen Krieg mindestens der Drohung nach zu ermöglichen: Schluß mit der Rüstung! Schluß mit den Waffengeschäften! Schluß mit der Produktion eines Bewußtseins, daß wir stark sein müssen, um friedfertig zu werden! Stärke ist eine *seelische* Kraft, die von innen kommt. Sie ist nicht zu erreichen mit Kanonen, Panzern und Raketen. Die Moral des 20. Jahrhunderts ist entweder eine pazifistische oder überhaupt keine. Aus all den Kriegen der Vergangenheit müssen wir lernen, daß Mut vielleicht in den Schlachthäusern der Historie gelernt wurde, aber ab sofort sich als eine zivile Kraft gegen den Krieg richtet. Sich gegen den Krieg zu stellen verlangt viel mehr Tapferkeit, Selbständigkeit, Widerspruch und Geradheit als die graue Anpassung, auf Befehl irgendeinen „Job" zu verrichten.

Es ist aber der Schock, der von diesen Tagen ausgeht, am tiefsten religiös. Wir stehen dabei, zweitausend Jahre nach Christus zu bemerken, daß wir mit allem Reden, mit Millionen von Gottesdiensten nichts von dem tun, was Jesus wirklich wollte. Es ist der Offenbarungseid für uns, und es gibt dafür nicht die geringste Entschuldigung. Die Phraseologie muß den Abschied nehmen, es habe Jesus, als er sprach: „Widersteht dem Bösen *nicht!* Reagiert nicht auf das Böse! Laßt euch von dem Bösen nicht die Handlungsanweisung für euer eigenes Tun vorschreiben!" lediglich den privaten Bereich gemeint, er habe womöglich nur gemeint, daß Mann und Frau miteinander auskommen sollen, damit es keine Ehescheidung gibt. Für Jesus war die Zweiteilung zwischen Individuum und Kollektiv ganz unmöglich. Jesus hat *Menschen* gesehen. Er hätte überhaupt nicht verstanden, wieso wir beides auseinandernehmen: Einerseits ist jemand Politiker, und andererseits ist er Familienvater; hier ist er Soldat, und da ist er Staatsbürger, und das Zivile und das Politische können sich unterscheiden, wann immer es sein muß. Ebendiese Aufspaltung geht bis an die Schizophrenie, sie macht uns zu Wahnsinnigen. Das, was Jesus wollte, gilt entweder ganz oder gar nicht.

Wir *hätten* Spielräume gehabt, das Böse durch das Gute zu überwinden. Allein in der Kostenrechnung läge die Chance auf der Hand. Wir würden Saddam Hussein sagen: „Dies, was sich hier abspielt, ist für dich und für uns genauso reiner Wahnsinn, der Zusammenbruch aller Menschlichkeit, und wir hören damit auf. Wir als die Stärkeren, die wir es uns scheinbar leisten könnten, hören freiwillig damit auf. Deine Staatsschulden sind dir geschenkt. Aber wir brauchen das Öl, begreif das auch; wir können nicht die ganze Welt zusammenbrechen lassen, nur weil du denkst, alles bleibe bei dir. Laß uns verhandeln!" Es wäre eine *christliche* Möglichkeit. Warum gilt sie immer noch als Utopie? Warum traut sich kein Politiker, seinem Volk zuzumuten, daß es andere Handlungsmotive gibt als den brutalen Egoismus? Warum ist es nicht möglich, einem Volk zu erklären, daß wir mitunter Opfer bringen müssen, damit wir am Ende uns selbst weniger schädigen, daß es zumindest eine Rationalität des Egoismus gibt, die den anderen miteinbeziehen muß, von Nächstenliebe ganz zu schweigen? Aber wie weit entfernt sind wir von dem, was wir gleich feiern wollen, dem Opfer der Versöhnung, der Mahlgemeinschaft der Liebe! Nichts von dem stimmt heute, das ist die bittere Erkenntnis. Wir hantieren mit Worten, wir spielen mit Zeichen, aber wir weigern uns, von Sonntag auf Montag zu kommen mit dem, woran wir glauben. Also woran glauben wir dann?

Es wäre möglich, zu sehen, daß sich gemeinsam viel aus den Überlieferungen der Völker lernen ließe. Es wäre möglich, mit dem Islam als einer Schwesterreligion zu rechnen. Was Mohammed im 7. Jahrhundert wollte, war keine neue Religion, sondern die Wiederherstellung der Religion Abrahams. Er hat uns viel zu sagen, dieser große Mann aus Mekka. Warum gibt es keine Weltbrüderschaft zwischen Christen, Juden und Muslimen? Und es wäre nur der Anfang von Humanität im Namen Gottes für ein Drittel dieser Welt. Jedes Sichberufen auf Gott zum Zwecke der eigenen Rechtfertigung beleidigt Gott, macht ihn zum Ideologenpopanz, zu dem lieben Gott der Theologen, der aber in Wirklichkeit zu einem Götzen für die Menschen, zu einem bluttriefenden Gott wird.

Und der Gott des Himmels wird nichts tun. Er wird sagen: „Lernt aus euern Fehlern, aber hört auf zu beten: Lieber Gott, mach, daß es keinen Krieg gibt." Wir, die wir erwachsen sind, haben kein Recht, uns in die Winkel der Kirchen zu hocken und die kleinen Kinder zu spielen, die unschuldig sind und Angst haben und sehen möchten, wie ihr Obervater, der Papst in Rom, auch betet und wie sie gemeinsam sich trösten inmitten ihres Durcheinanders. Wir, die Erwachsenen, sind zuständig für unsere eigenen Kinder, und wir haben sie zu schützen in ihrem Vertrauen in uns, in die Menschlichkeit. Wir haben kein Recht zur Regression, wir haben stark zu sein, ebendeswegen hat es auch keinen Sinn, sich dauernd vorzubeten, was ein Krieg am Golf alles anrichten kann, wovor wir Angst haben müssen: Die Ölpreise werden steigen, eine Baisse an der Börse, Instabilität in Nahost, Wolken, die die Atmosphäre verseuchen können, wenn Kuwait in Brand steht. Vor all dem kann man Angst haben, und sie ist mehr als berechtigt. Aber das wirkliche Problem ist das Grauen vor den Menschen, das wirkliche Problem liegt darin, daß der Himmel sich längst verdüstert *hat,* wenn Menschen so fortfahren, über Menschen zu reden, zu denken und gegen sie zu handeln. Wieviel an Pesthauch verwesender Menschenkörper brauchen wir noch, ehe wir spüren, wie uns die Luft ausgeht? Wie tief müssen wir noch ins Blut hinein, bis wir an der eigenen Blindheit ersaufen? Die Zukunft ist eine pazifistische, oder sie ist gar keine.

Deshalb ist vielleicht der einzige Trost in diesen Tagen, daß eine ganze Jugend aufbricht gegen die Propaganda aller Medien in den letzten Monaten und sich weigert, zu glauben, daß es ein Recht auf einen gerechten Krieg gibt. Sie sagt nein. Sie kann dafür Motive haben, gleich wo sie herkommen. Diese Jugendlichen frieren sich die Beine krumm auf den Straßen, und sie kämpfen für den Frieden und wollen keinen Krieg mehr, um den Preis jeder Infragestellung. Dies ist womöglich die einzige Hoffnung in Deutschland: daß wir aus der Vergangenheit für die Zukunft lernen und sagen: *Nie wieder Krieg!* Es ist die einzige Botschaft, die wir als Deutsche, als die Schwerverbrecher des „Dritten Reiches", der Welt von morgen zu sagen hätten.

Also Schluß damit, daß wir darüber debattieren, ob der Jäger 90 in den Blaupausen hergestellt wird oder für 100 Milliarden Mark schon in die Fertigung kommt. Setzen wir das Geld doch da ein, wo es hingehört, und lamentieren nicht herum, was unsere Sicherheit wert ist. Es gibt sie nicht isoliert, diese Sicherheit. Politik macht man nicht wie ein Igel, indem man sich zusammenrollt und die Raketenstacheln ausfährt. Sicherheit gibt es nur in einer gemeinsamen Menschheit oder gar nicht.

Und dann werden wir, mit dem Blick auf diese Jugend, die sich weigert, hoffentlich sagen können, daß es Erinnerungen gibt, die wir nicht vergessen sollten. Auch Saddam Hussein wird uns nicht das Gesicht der Araber und ihrer Kultur vergessen machen. Von Mesopotamien haben wir alles gelernt, was Zivilisation ausmacht, das Lesen und das Schreiben, die Einteilung der Zeit in zwölf Stunden, die Monate des Jahres. Noch am Anfang des Mittelalters war die arabische Kultur der europäischen bei weitem überlegen. Damals gab es in Sevilla beleuchtete Straßen, Moscheen für Hunderte von Menschen, die Kunst, Seide zu weben, und die Mathematik und den Beginn der Naturwissenschaften. Wir verdanken den Arabern unendlich viel für unsere Welt. Gäbe es nicht eine Schuld zurückzuzahlen, heute, wo sie anscheinend die Schwächeren sind? Sie sind ein stolzes und ein großes Volk. Und ich begreife nicht, wie man in Verleugnung aller psychologischen Regeln der Menschheit will weismachen können, man wolle den Frieden, indem man als erstes den Gegner demütigt. „Gib auf, du Ratte, oder ich zerquetsche dich" – ist das die Sprache eines Verhandlungsangebotes? Jeder, der Arabien kennt, weiß, was die Reaktion sein wird.

Und schließlich sollten wir nicht vergessen, daß wir in einer Welt leben, die trotz allem ihre Schönheit bewahrt. Am Donnerstagmorgen, wissend, daß die 18 000 Tonnen Bomben über Bagdad regnen würden, schaute ich aus dem Fenster auf die Kastanie drüben. Im Sonnenaufgang spielte ein Eichhörnchen darinnen, tanzte über die Zweige wie über eine Straße. Es gibt Augenblicke, in denen man sich schämt, ein Mensch zu sein. Tiere führen keine Kriege.

Aber vielleicht lernen wir von der Unschuld der Tiere und unserer eigenen Kinder.

Ich wage nicht zu beten: „Gott, vergib uns unsere Schuld." Es gibt Bedingungen: Denn wenn ihr nicht vergebt des andern Schuld, wird auch euer himmlischer Vater euch nicht vergeben. Machen Sie daraus Politik. Amen.

SCHLUSS MIT DEM KRIEG!

20. 1. 1991

Seit der Nacht vom 16. auf dem 17. Januar steht der Nahe Osten in Flammen, und der Schock darüber ist tief. Er hinterläßt eine Welle der Erschütterung, und jede davon stellt uns vor furchtbare Fragen.

Zu Ende ist auf der politischen Ebene das Selbstvertrauen in unsere Gesellschaftsordnung. Denn fest steht: Sie verhindert keinen Krieg, sie ermöglicht ihn. Mehr als dreißig Jahre lang hat man uns erklärt, daß wir eine starke Armee aufbauen müßten, um durch glaubwürdige Abschreckung den Frieden zu sichern. Jetzt wissen wir, was all die Zeit über die verborgene Wahrheit war: Man kann militärisch nur glaubwürdig drohen, wenn man den Krieg als eine Möglichkeit des Handelns nicht gänzlich moralisch ausschließt. Die Amerikaner wollten auf die „Option" des Krieges nicht „verzichten", und wir haben sie nicht wirksam daran gehindert.

Jetzt zeigt man uns wie in einem Videospiel die hochtechnisierte Tötungsfabrik, die im 24-Stunden-Takt 18 000 Tonnen Bomben und Raketen auf Bagdad regnen läßt. Anders als im Vietnam-Krieg zeigt man uns nicht das Grauen und das Leid eines Bombardements, doppelt so schlimm wie das auf Dresden; man zeigt uns zufriedene Soldaten, die soeben ihren „Job" getan haben und die selber kaum sehen dürfen, was sie angerichtet haben, sonst könnten sie es nicht weiter tun. Und schon erklärt uns General Schwarzkopf, diese Bombardements würden wohl noch zwei Wochen lang so weitergehen; nichts mehr ist übrig von der Großsprecherei einer „chrirurgischen Operation".

Doch wenn erst einmal der Irak und Kuwait in Schutt und Asche liegen, wenn George Bush in wenigen Wochen durch die Ruinen verbrannter Städte gehen wird, vorbei an den verwesenden Leibern Hunderttausender von Toten; durch die Spitäler mit Tausenden verstümmelter Frauen, Soldaten und Kinder, durch die Lager mit Zehntausenden arabischer Flüchtlinge, wird er auch dann noch sagen: „Wir hatten keine andere Wahl"? In keinem Augenblick mehr ist der Krieg eine mögliche Wahl.

Darum gilt es von unseren westlichen Verbündeten dringlich zu fordern: Hört auf mit dem Krieg! Stellt die Bombardements ein! Fangt nicht damit an, die Stellungen der 500 000 irakischen Soldaten mit dem völkerrechtlich geächteten „Kampfmittel" Napalm zu überschütten. Tut, was ihr noch vor einer Woche hättet tun können und müssen: Verhandelt, statt turnusgemäß den Tod zu befehlen. Demütigt nicht euren Gegner, verteufelt nicht euren Feind, redet mit ihm und verhandelt. Ihr verliert nicht euer Gesicht durch eine Denkpause.

Jeder Tote am Golf ist ein getöteter Mensch zuviel!

KEIN GELD FÜR DEN KRIEG!

23. 1. 1991

Liebe Bürgerinnen und Bürger,

ich habe mich nominell als Leiter der Friedensbewegung hier am Ort gemeldet, weil es der einfachste Weg zu sein schien, jedem Zugriff des Ordnungsamtes bei der Durchführung unserer Demonstration zuvorzukommen. Es wird den Kreisen, die nicht hören wollen, was wir zu sagen haben, nicht gelingen, uns unter Vorschiebung reiner Ordnungsgesichtspunkte vom Rathaus zu verdrängen.

Ihr werdet uns so lange nicht loswerden, als der Krieg am Golf dauert. Wenn er drei Wochen dauert, werden wir drei Wochen lang hier stehen. Wenn er drei Monate dauert, werden wir drei Monate lang hier stehen.

Wir werden hier so lange stehen, als es nötig ist, der Weltöffentlichkeit zu sagen: „Dieser Krieg ist ein noch viel größeres Verbrechen, als es der Einmarsch Saddam Husseins in Kuwait war."

Eine solche Öffentlichkeit herzustellen ist unvermeidlich und unerläßlich, weil wir in den Medien seit sechs Tagen regelmäßig belogen werden, indem man uns Reklamefilme für Technologie und das Management von CNN vorführt. Wir müßten in Deutschland den Zweiten Weltkrieg nicht erlebt haben, um nicht zu wissen, wie es wirkt, wenn man zweitausend Bomber über dem Stadtgebiet von Köln oder Hamburg zusammenzieht und aus allen Bombenschächten herniederregnen läßt, was in der sogenannten konventionellen Kriegsführung „Verteidigung des Rechts" genannt wird – ein Feuersturm über Tausende von Menschen.

Wir sagen der amerikanischen Regierung: Ihr werdet es nicht fertigbekommen, daß wir Tag für Tag buchstäblich in die Röhre gucken, um einen Gespensterfilm zu sehen, einen Krieg, so „chirurgisch und klinisch" geführt, als ob es keine Toten gäbe. Wir *können* uns vorstellen, was wirklich passiert. Wir haben Phantasie genug, um zu ergänzen, was eure Bilder nicht zeigen dürfen, damit der weltweite Protest, für den wir geradestehen, unterbleiben soll. Er wird nicht unterbleiben.

Für wie dumm hält man uns denn, daß man uns Raketen mit Videoaugen zeigt, die bis unmittelbar vor dem Einschlag ihre Bilder senden, aber nicht glaubt, wir könnten uns gleichermaßen vorstellen, was nach dem Einschlag in den Kellern, in den Gebäuden mit den Frauen und Kindern passiert, die voller Angst dort hocken?

Es muß in Bagdad längst Tausende von Toten, von Verletzten geben. Und denk dir, George Bush, wir stellen es uns vor! Wir sehen vor uns, was dein „chirurgischer Krieg" anrichtet! Wir konsumieren ihn nicht wie irgendeine Blutwurst, die man uns serviert, ohne darüber nachzudenken, wie man die Tiere geschlachtet hat, denen wir sie verdanken! Deinen Krieg fressen wir nicht, George Bush!

Es liegt eine Ungeheuerlichkeit darin, daß man Soldaten dafür trainiert und ihnen befiehlt, per Knopfdruck Tod und Verderben über Städte und Wohngebiete zu schicken. Ungeheuerlich ist dies, weil man das Handeln abtrennt von dem, was man sehen und fühlen kann. Selbst ein Wolf verfügt über eine Beißhemmung gegenüber einem Unterlegenen. Menschen wären nicht wilder als die Wölfe, würden sie wirklich *sehen,* was sie tun!

Es muß endgültig Schluß damit sein, daß wir Reden hören wie die von gestern abend aus dem Munde des amerikanischen Präsidenten: Er sei sehr zufrieden mit den Kampfhandlungen. Sie vollzögen sich programmgemäß, nach Fahrplan. Der Krieg ist kein Fahrplan! Er bleibt, was er ist: Das befohlene Töten von Menschen!

Wir verbitten uns desgleichen die Erklärungen von General Powell. „Unsere Aufgabe", spricht er, „ist ganz simpel. Cut off and kill. Schneidet die Irakis von ihren Verbindungslinien ab, und dann tötet sie." Ganz simpel: 500 000 irakische Soldaten, to kill, ganz einfach. Was sich militärisch einfach anhört, ist menschlich monströs.

Darum sagen wir, buchstäblich in letzter Stunde, wie am Dienstag vor einer Woche, als wir hier standen: Hört auf mit dem Krieg, stoppt ihn jetzt! Eine Gedächtnis- und Gedenkpause, ehe ihr hunderttausendfach mordet!

Ich höre Abgeordnete des nordrhein-westfälischen Landtags sagen, die Friedensdemonstranten sähen einäugig. Wir seien Antiamerikanisten. „Warum seid ihr", sprechen sie, „nicht schon am 2. August auf die Straßen gegangen?" Die Antwort kann nur lauten: Weil Saddam Hussein nicht unser Freund ist, nicht unser Verbündeter. Die Amerikaner aber sind unsere Freunde, sind unsere Verbündeten, und also stehen wir mit ihnen in moralischem Zusammenhang, in Gut und Böse. Da sind wir herausgefordert! Wir Deutschen verdanken den Amerikanern in diesem Jahrhundert sehr viel. Wir verdanken ihnen das Ende des „Dritten Reiches". Wir verdanken ihnen den Aufbau des westlichen Teils von Deutschland. Wir verdanken ihnen die Freiheit Berlins, schließlich auch die Wiedervereinigung. Vor allem verdanken wir dem amerikanischen Volk die Bill of Rights und die Demokratie.

Ebendeswegen aber richten wir uns gegen ein Denken, das Menschen einteilt in Gut und Böse, in Teufel und Engel. Und wir wehren uns dagegen, Geschichte in absoluten Kategorien zu betreiben. Der Krieg zwischen Irak und Kuwait begann am 2. August 1990. Aber der Krieg der USA und ihrer Verbündeten gegen den Irak begann mit dem Entschluß des amerikanischen Präsidenten, ohne

Verhandlungen, ohne Kompromiß, mit der Option des Krieges seinen Gegner zu demütigen. Alles, was dann bis heute nachgeschoben wurde, läßt Gespräche nicht zu. Der Gegner wird in der alten Maschinerie der Propagandamühle, der Kriegsvorbereitung zum Teufel erkärt. Er ist kein Mensch mehr: Er ist ein Diktator, ein Verbrecher, ein Aggressor, er kann nicht gemein genug gemacht werden. Selbst wenn Hussein so bestialisch und grausam ist, wie er in den Medien jetzt geschildert wird – und vieles spricht dafür, daß diese Darstellung nicht gegenstandslos ist –, könnten wir wissen, daß sich das Böse nicht durch das Böse überwinden läßt, sondern einzig durch die Stärke des Guten.

Kein Problem des Nahen Ostens läßt sich durch den Krieg lösen, aber alles, was einen Mann wie Saddam Hussein stark gemacht hat, verdankt sich unseren Fehlern. Die Lösung des Problems in Nahost hätte im Wirtschaftlichen liegen können, in der Einberufung einer Nahostkonferenz, in einem Aufgreifen von Forderungen, die 240mal bei der UNO, 20mal in den europäischen Parlamenten erhoben und immer wieder durch das Veto der Vereinigten Staaten abgetan wurden.

Deswegen verwerfen wir, daß der Krieg verhängt wird wie die Todesstrafe über einen Schuldigen. Menschen hängen geschichtlich zusammen, im Guten wie im Bösen. Es ist moralisch nicht möglich, sie auszugrenzen. Es ist nicht legitim, zu sagen: „Wir verteidigen das Recht, und drüben steht allein das Unrecht." Nicht nach all dem, was die Länder des Nordens im Nahen Osten getrieben haben! Alte Schuld, beim Waffenhandel angefangen bis zur Einseitigkeit der Erdölwirtschaft, bis zum Liegenlassen des Palästinenserproblems über 40 Jahre – keiner dieser Schuldpunkte läßt sich aus der Welt schaffen, indem wir jetzt Hunderttausende unschuldiger Menschen heranziehen, um unsere Hände in ihrem Blut zu waschen. Man löst keine Schuld, indem man sie maximiert und in gewissem Sinne völlig unauflösbar macht.

Deswegen gilt es, heute abend eine Forderung zu erheben, die hoffentlich in allen deutschen Städten von den Friedensdemonstrationen übernommen wird, durch alle Medien geht und zu einer neuen Waffe des Widerstandes auf den Straßen wird.

Seit gestern erklärt der Bundeskanzler, daß wir, um den Golfkrieg der Amerikaner zu finanzieren, an Steuererhöhungen nicht vorbeikommen. Gerade zahlt Japan 9 Milliarden DM, vor vier Monaten zahlten die Deutschen 3 Milliarden DM. Zu vermuten stehen Größenordnungen von 20 bis 30 Milliarden DM.

Wir sagen: *Kein Geld für den Krieg! Keine Arbeitsstunde zusätzlich für die Fabrik des Todes!*

Wir sagen: *Keine höheren Steuern* für den Staat, der nicht imstande ist, den Krieg im Jahre 1991 zu verhindern!

Daher fordere ich heute abend auf zum *zivilen Ungehorsam!*

Wir verlangen eine klare Buchführung. Wir wollen wissen, welche Gelder wir für den Bau von Straßen und Brücken bezahlen, und welche für den Krieg. Keine Steuern ohne Klarheit, keine Steuererhöhung ohne deutliches Management: Was dient dem Krieg, was dient der Rüstung, was sind zivile Ausgaben? Dadurch, daß wir Geld verdienen, sind wir nicht auch schon gezwungen, schuldig zu werden am Krieg. Wir wollen den Frieden! Trennt die Kriegssteuer, wenn sie denn eingeführt wird, von der normalen Zivilsteuer ab, damit das Ganze durchsichtig und also demokratisch wird!

Und dann versprechen wir euch, Regierende in Bonn, ernster, als George Bush den Krieg gegen den Irak geplant und gewollt hat: Diese Kriegssteuer bezahlen wir nicht, komme, was da wolle!

Von mir aus freiwillig das Dreifache für den Aufbau des Irak, das Dreifache für die Linderung der Not in Israel, das Fünffache zur Linderung der Not in der Sahelzone, aber *keinen Pfennig für den Krieg, nicht für diesen, nicht für irgendeinen anderen!*

Ich rufe daher auf, die Friedenskundgebungen und Demonstrationen während der ganzen Dauer des Golfkrieges zu begleiten, jeden Donnerstag abend um 18.00 Uhr hier vor dem Rathaus.

Es darf nicht wahr werden, daß der Krieg zur Routine verkommt, indem die Nachrichten sich aushöhlen bis zur Langeweile: Wieder und turnusgemäß hätten die alliierten Bomberverbände den Irak angegriffen. Wir sagen: Stellt euch vor, was diese Angriffe bedeuten – 18 000 Tonnen Bomben alle 24 Stunden auf Menschen.

Und wir fragen George Bush, was er tun wird, als der Sieger, der er in drei Monaten oder in fünf Monaten vielleicht sein kann – ob er dann durch Städte geht, die aussehen wie Dresden und wie Hamburg 1945, hindurch zwischen Tausenden verwesender Menschenkörper und durch Flüchtlingslager von Zentausenden von Arabern ohne Obdach und ohne Zukunft. Wieder wird man die Menschen in den arabischen Ländern demütigen, man wird sie lehren, daß sie soviel Öl haben können, wie sie wollen, soviel Geld ausgeben können, wie sie wollen, sich auf soviel Waffen setzen können, wie sie wollen: Sie werden die Parias bleiben. Das darf nicht sein; Menschen aus der Demütigung sind nicht friedensfähig!

Damit der Krieg nicht zur Selbstverständlichkeit wird, damit er in seiner Unmenschlichkeit offengelegt und jederzeit bewußtgemacht wird, braucht es uns in Paderborn Donnerstag für Donnerstag.

Es bedarf unseres Ganges jetzt gleich durch die Straßen. Es braucht die Menschen hier, die sich zusammentun
mit den Friedliebenden aller anderen Städte in einem Aufschrei, der lautet:

Nein zum Krieg!

MENSCHEN HÄNGEN ZUSAMMEN

27. 1. 1991

Ich habe eine Woche lang überlegt, ob wir diese
heilige Messe überhaupt feiern können oder sollen, denn
jedes Wort, das wir hier sagen, jedes Zeichen, das wir
verwenden, widerlegt sich in diesen Tagen durch die
Wirklichkeit.

Was Jesus mit der Gemeinschaft des Mahles gemeint
hat, ist etwas so Einfaches. Er setzte sich zu den Menschen, die keine Chance hatten, zurückzufinden in die
Gemeinschaft der anderen, und wollte einem jeden sagen:
„Ich sehe in deinen Augen das Suchen nach Licht, in
deinem Mund die nie gesagten Worte der Wahrheit, in
deinen Händen die verborgene Bedürftigkeit nach Güte,
denn du bist ein Mensch und also zugehörig zur Sphäre
Gottes." Das ist es, was wir Abendmahl, Eucharistie,
Kommunion nennen. All diese Worte fangen es nicht ein,
sie werden zur Phrase, wenn es möglich ist, daß Menschen
gegen Menschen Krieg führen.

Ich habe, hier stehend, fünfzehn Jahre lang eigentlich
nichts anderes gepredigt, als daß kein Mensch das Recht
hat, über den anderen zu Gericht zu sitzen und ihm zu
sagen: „Du bist der Schuldige, ich bin der Unschuldige, du
mußt bestraft werden, und mit Berufung auf Gott stehe
ich da als der Rächer und der Strafende." Aber genau das
geschieht jetzt. Vermutlich immer, wenn man im Krieg
Menschen töten muß oder will, braucht man eine Propaganda, die erklärt, daß der andere wirklich den Tod verdient, wirklich ein Verbrecher am Rande des Dämoni-
schen ist, ein zweiter Adolf Hitler, ein Teufel: es ist kein
anderer Weg mehr, als ihn zu vernichten, und wir, die wir

es praktizieren, sind im Recht. Es gibt keine Kriege, die nicht heilige Kriege wären.

Es ist nicht einfach, Menschen fertigzumachen. Schon zum Sieg über die moralischen Skrupel, die uns dabei befallen, brauchen wir Erklärungen, die uns von jeder Schuld freisprechen. Das amerikanische Rechtswesen hat bis heute auf die Todesstrafe nicht nur nicht verzichtet, sie ist ein integraler Bestandteil der Rechtsordnung der Vereinigten Staaten. Da herrscht die Vorstellung, daß irgend jemand, ein Achtzehnjähriger, Fünfundzwanzigjähriger, weil er im Sinne der staatlichen Rechtsordnung ein Verbrecher ist, auf den elektrischen Stuhl gehört. Er fällt heraus aus der Gemeinschaft der Menschen, also ist kein Nachgedanke mehr nötig, in welch einem Slum er aufgewachsen ist, ob er jemals eine Mutter gehabt hat, wie er empfunden hat, als er fünf Jahre alt war, von welchen Komplexen er besetzt ist – das alles ist gleichgültig. Wenn er nur bis hundert rechnen und die Zeitung lesen kann, gilt er als vernünftig, also verantwortlich, also zuständig, und die Straftat, die er dann begeht, unterscheidet ihn von den Lebenden wie von den Toten: er hört auf, ein Mensch zu sein. Ich denke, ein klarerer Widerspruch zur Bergpredigt läßt sich im Umgang mit Gut und Böse nicht finden.

Was wir jetzt erleben, ist die international angewandte Todesstrafe, nicht mehr und nicht weniger. Jetzt wird, wie George Bush diese Woche sagte, nach Fahrplan exekutiert. Alles läuft nach Fahrplan, zehn Tage lang alles nach Fahrplan, jeden Tag 18 000 Tonnen Bomben – alles nach Fahrplan, Tausende von Toten – alles nach Fahrplan. Die Aufgabe ist ganz einfach, versichert uns General Powell: „Very simply: Cut it off and kill!" Tausendfach töten und mit gutem Gewissen! Wir waschen uns die Hände rein in fremdem Blut. Wir sind die Guten, gewissermaßen der Erzengel Michael selber. Rächend kommt er vom Himmel und legt den Satan an die Kette. Besser noch, er zerstört ihn, was nicht einmal der Erzengel Michael konnte. Ausradieren, vernichten – destroy and kill! – das ist das Programm.

Was also soll man in diesen Tagen anderes tun, als laut zu schreien: Hört damit auf! Dieser Krieg *löst* kein Problem, er verschlimmert alles, indem er die Menschen noch weiter auseinanderreißt. Er findet statt in einer Region, die seit vierzig Jahren mit Haß aufgeladen ist. Dinge, die wir kaum verstehen, sind dort Selbstverständlichkeit. Daß Raketenangriffe auf Haifa und Tel Aviv mit Jubel begrüßt werden, weil endlich das Staatswesen Israel gestraft wird – eine wahnsinnige Vorstellung des Hasses, aber die Wirklichkeit in der Region.

Wir sind nicht unschuldig. Wir haben vierzig Jahre lang eine Politik betrieben, die Konflikte bis zum Explosiven aufgestaut hat. Ich höre jetzt in diesen Tagen das Bedauern über das Versagen in der Politik. Das ist milde ausgedrückt. Es hat den Versuch einer Diplomatie überhaupt nicht gegeben. Dieses harte Urteil muß man sprechen. Es gibt seit Jahren Pläne zur Befriedung des Nahen Ostens. Das Friedensforschungsinstitut in Oslo hat jahrelang unterbreitet, was sich machen ließe: eine Art Konferenz für Sicherheit und Zusammenarbeit analog zu dem, was wir in den letzten Jahren in Europa versucht haben; eine Lösung auf vielen Ebenen. Sie wäre möglich; wir hätten sie nur wollen müssen. Ich zähle auf:

Eine klare *Anerkennung des Staates Israel* als erstes und oberstes.

Aber nicht zum Nulltarif. Sie setzt die *Lösung der Palästinenserfrage* voraus. Auch dieses Volk hat ein Recht auf Heimat, Land und Staat, daran ist nicht vorbeizukommen. Wir haben Menschen, die verzweifelt sind, auf die wir vierzig Jahre lang – das sind drei Generationen von

70

Jugendlichen! – nicht gehört haben, wir haben sie nie anders gesehen denn als Terroristen. Aber welche andere Sprache hatten sie denn, als irgendeine Bombe zu legen, mit der sie selber hochgingen? Das ist die Mentalität heute: „Selbst wenn wir krepieren – wenn es von unseren hassenswerten Gegnern nur möglichst viele in den Orkus mitnimmt, soll es uns recht sein!" Was glauben Sie, wie Menschen denken, die nie eine Zukunft hatten, die nichts gesehen haben als Elend, aber gleichzeitig stolz sind, schon weil sie arabisch reden und den Koran lesen, der ihnen versichert, daß auch sie Kinder Gottes sind? Wo bleibt denn dieser Anspruch auf Erden?

Mit der Palästinenserfrage müßte, drittens, das *Nationalitätenproblem gelöst* werden. Der Irak verfolgt die Kurden, das entsetzt uns. Aber unser NATO-Partner, die Türkei, verfolgt die Kurden ebenfalls. Im Land unseres NATO-Partners Türkei hat eine Diktatur um 1920 das gesamte Volk der Armenier vernichtet. Wir wissen davon überhaupt nichts. Auch der Iran verfolgt die Kurden, und sie sind nicht die einzige Minderheit im Nahen Osten.

Der Streit um Öl ist zweitrangig gegenüber dem Streit um das *Wasser* im Nahen Osten. Die Verteilung der Wasserreservoirs der großen Ströme müßte gerecht gelöst werden.

Und als oberstes von allem: *Abzug* aller fremden Truppen.

Schließlich Verhandlungen zwischen dem *Irak und Kuwait,* zwischen diesen beiden Staaten, ohne Einmischung von außen. Diese Pläne liegen vor, und man hätte sich nach ihnen richten können. Sie sind alles andere als von den Wolken geholt. Sie wären die Basis, um in Frieden über diese Erde gehen zu können.

Nichts von alledem wollte man wissen. Noch vor zehn Tagen forderten die Europäer Verhandlungen statt Krieg,

Einbeziehung des Palästinenserproblems, eine Nahost-konferenz – nichts davon! Krieg! Was also jetzt? Ist es antiamerikanisch, zu sagen: Dieser Krieg wurde von der amerikanischen Regierung begonnen? Ist es Verrat an unserem Bündnispartner, wenn wir sagen: Dies ist keine Politik, dies setzt einem Verbrechen ein weiteres Verbrechen hinzu? Sie können die Probe machen. Wenn es irgendeine vernünftige Form von Forderung in dieser Stunde gibt, muß sie lauten: Schluß mit dem Krieg! Lieber heute, lieber gleich jetzt als heute nachmittag oder morgen früh! In diesen Stunden sterben Menschen, Frauen und Kinder, und das müßte nicht sein. Eben sind wir dabei, zu bemerken, wie der gesamte Persische Golf, vermutlich auf viele Jahre hin, in seinem Ökosystem zerstört wird. Auch das wußten wir vorher. Es hätte noch vor einem Tag verhindert werden können. Aber es wird so weitergehen. Es wird sehr schlimm weitergehen.

Am zweiten Weihnachtstag sagte ich: Man treibt nicht eine Ratte in die Ecke, ohne zu erleben, wie sie angreift. Es ist immer dieselbe Logik. Auf jedem Schulhof läßt es sich besichtigen: Zwei Jungen prügeln sich, und der Unterlegene wird, wenn er den anderen wirklich haßt, all die Dinge tun, die ein fairer Zweikampf verbietet. Er wird seinen Gegner genau dahin treten, wo es am meisten schmerzt. Dieser Junge wird noch viel mehr geprügelt werden, aber es wird ihm recht sein: der andere hat zumindest Schmerz empfunden. Das ist die Logik des Kampfes. Wir werden jetzt dastehen und werden alles sammeln: daß die Irakis die wirklichen Verbrecher sind, daß man gegen sie überhaupt nicht anders handeln konnte, daß Menschen, die das Meer mit Öl verseuchen, nächstens die Erdölfelder in Brand stecken, Raketen auf Israel abfeuern, wirklich nur zu bekämpfen sind, indem man sie tötet. Aber das ist nicht wahr. Wahr ist, daß die Verzweiflung eine eigene

Logik hat, und die verantworten die Überlegenen. Es ist aber kein moralischer Vorteil, militärisch überlegen zu sein. Es ist kein moralischer Vorteil, Tarnkappenbomber zu haben, Cruise-Missiles und eine Luftüberlegenheit, dank der man alles machen kann. Dies ist kein moralischer Vorteil.

In die Psychologie des Nahen Ostens sich *nicht* hineinzudenken, ist in sich selber Zerstörung des Humanen. Jeder, der irgendwann im Orient als Tourist gereist ist, konnte wissen, daß man im Basar verhandeln muß, um jede Tüte Tee, um jedes Paar Schuhe, um jeden Pullover oder um jedes T-Shirt. Man muß verhandeln. Die gesamte arabische Kultur basiert auf der Vornehmheit des Austausches zu Bedingungen des Handelns, das ist Teil der Moralität. Was mußte man seit Monaten erwarten, wenn der amerikanische Präsident genau das verbot? Keine Verhandlung, kein Kompromiß, ein klares Signal, und das lautet: die Option des Krieges! Jetzt haben wir nicht die Option, sondern die grausige Wirklichkeit.

Es hat Diplomatie überhaupt nicht geben sollen. Wer die Kritik an den Amerikanern in diesem Moment Antiamerikanismus nennt, der wird nächste Woche die Probe haben. Vor drei Tagen haben die Maghreb-Staaten bei der UNO eine Feuerpause gefordert; gleich wurde der Antrag vertagt. Er kam zu schnell. Erst einmal auf die lange Bank. Jetzt kommt er am Montag zur Sprache. Ich verspreche Ihnen, wenn er überhaupt aufgegriffen und diskutiert wird, wenn es zu einem Beschluß kommen sollte – lauter Unwahrscheinlichkeiten –, werden es die Vereinigten Staaten sein, die ihr Veto dagegen einlegen. Sie werden weiter Krieg machen wollen, genau wie Richard Cheney vor Beginn gesagt hat: „Dieser Krieg wird geführt bis zum endgültigen Sieg." Wir wissen, wie ein amerikanischer endgültiger Sieg aussieht! Er sieht aus wie Hamburg, wie

Dresden und wie Köln und Paderborn 1945. Vielleicht können die Sieger in fünf Monaten durch verbrannte und zerstörte Städte gehen, vorbei an Tausenden verwesender Leiber, oder durch Lager mit Zentausenden von Flüchtlingen. Dann mögen sie der Welt erklären, warum dies nötig gewesen sein soll. Gesamt-Kuwait hat 800 000 Einwohner; vielleicht wird das die Zahl der Getöteten sein! Und nach militärischer Rechnung kann man das Fünffache für die Schwerverletzten und Verwundeten, für die lebenslänglich Verstümmelten hinzuaddieren. Und wieder ein Millionenvolk in Camps, in Flüchtlingslagern, ohne Hoffnung und Aussichten – das ist der Preis des Sieges. Der einzige Sieg gehört dem Tod und der Rüstungsindustrie. Wer da noch sagt: „Wir haben zu diesem Alptraum ein Recht, ein gutes Recht, wir sind nachgerade von Gott dazu beauftragt" – darf man den nicht daran erinnern, daß Menschen zusammenhängen, auch politisch, auch wirtschaftlich? Alle Fehler dieser Region, inklusive des Waffenhandels, gehen doch auf unser Konto. Wie wollen wir uns denn aus dem Zusammenhang der Verantwortung herausschneiden? Was gibt uns denn das Recht, zu sagen: „Alles Gute versammelt sich in uns und alles Böse in euch"? Die Psychologie, die wir seit hundert Jahren aufgebaut haben, lehrt uns, dies ganz simpel eine Projektion zu nennen, eine Verdrängung alles Schlechten in uns und eine Verschiebung auf den anderen. Und es ist die Aufrüstung des Hasses. Wer einen Menschen so zu sehen beginnt, kann mit ihm nicht mehr reden, hat ihn abgeschrieben.

Ich höre den Chor all derer, die sagen: „Aber Saddam Hussein ist ein Diktator." Ja, er ist ein Diktator! Und was folgt daraus? Wenn wir jeden Diktator dieser Welt bekämpfen wollten, müßten wir 80 Prozent der gesamten Landfläche Afrikas besetzen; es wird von Diktatoren regiert, deren nicht wenige schlimmer als Saddam Hussein sind. Unser eigener NATO-Verbündeter, die Türkei, was für eine Verfassung hat er wohl? Und wie nennt man wohl die Regierungsform von König Fahd in Saudi-Arabien oder der Scheichtümer am Golf? Daß Saddam Hussein schlimme Dinge getan hat und tut, läßt sich nicht leugnen. Es verdient angeklagt und bekämpft zu werden, aber die Mittel, es zu bekämpfen, haben sich nicht aus dem Raum des Menschlichen zu entfernen. Und es hätte so viele Möglichkeiten gegeben!

Ich höre sagen: „Aber die Lehre von 1938, Adolf Hitler!" Und ich höre sagen, daß der Aufruf zum Pazifismus, zum Verzicht auf das Militär, was rede ich von Verzicht, zum Verfluchen aller militärischen Mittel, gerade das Gute schwäche. Ich höre sagen, daß die Pazifisten überhaupt erst Adolf Hitler möglich gemacht hätten. Genau das Gegenteil ist richtig. Wenn wir, die Deutschen, uns 1935 geweigert hätten, bei Gott den Fahneneid auf Adolf Hitler zu leisten – es hätte nie Adolf Hitlers Krieg gegeben! Wenn wir uns 1939 geweigert hätten – Fahneneid hin, Fahneneid her –, den Krieg mit Polen und mit ganz Europa zu beginnen, es hätte nie Adolf Hitlers grauenhafte „Erfolge" gegeben. Es waren unsere katholischen Bischöfe, die 1942 an alle Soldaten im Felde schreiben mußten: „Ein Fahneneid auf Adolf Hitler ist vor Gott geleistet, er ist bindend. Keine Fahnenflucht, kein Widerstand, Gott nimmt euch in die Pflicht, in der Armee Adolf Hitlers zu dienen!" *Das* hat Adolf Hitler groß gemacht. Der Wille zum Frieden hätte ihn vernichten können. Mit Dresden und Hiroshima hat man Adolf Hitler nur vergrößert, nicht besiegt, man hat ihn in die geistige Logik aufgenommen: Fortan gibt es in dieser Welt nichts Richtigeres zu glauben als: Hitler gegen Hitler, Bombe gegen Bombe. Soll das so bleiben? Was unterscheidet uns von Adolf Hitler, wenn wir tun, was er tun ließ: Menschen töten auf Befehl, massenweise?

Die katholische Kirche zeichnet sich in diesen Tagen in vielen ihrer Amtsträger durch Feigheit aus. Gestern konnten Sie bei der Friedensdemonstration in Bonn einen evangelischen Bischof hören, Bischof Forck aus Brandenburg, der das Versagen der Politik öffentlich beim Namen nannte und zum sofortigen Frieden aufrief. Er sagte, es sei ein schlimmer Fehler, Ende des zweiten Jahrtausends nach Christus immer noch zu glauben, daß der Krieg ein Mittel der Politik sei; es gelte jedem Krieg abzuschwören. Das deckt sich mit der Erklärung des Bundes der Evangelischen Kirchen in der ehemaligen DDR, einer Resolution in dem Sinne, den Krieg in jeder Form zu ächten und den Krieg gegen Irak sofort abzubrechen. Papst Johannes Paul II. hat in seiner Weihnachtsbotschaft den Krieg den Abschied von der Menschlichkeit genannt und dringend davor gewarnt, ihn auszurufen – auch an den amerikanischen Präsidenten gewandt. Er hat wenige Tage vorher noch ein eigenes Schreiben an George Bush gerichtet mit der Bitte, Verhandlungen als Lösungsweg zu wählen. Er wurde mit der Bestätigung des Eingangs seines Schreibens beschieden, und 24 Stunden später ging die Ouvertüre gnadenlos über Bagdad. Da konnte man in der Reklamesendung von CNN American boys sehen, wie sie aus ihren Maschinen stiegen und der Welt erklärten: „Bagdad brennt lichterloh wie ein Tannenbaum, es sieht wundervoll aus!" Papst Johannes Paul II. zeigte sich tief enttäuscht darüber; er ist heute einer der wichtigsten Faktoren bei den Friedensdemonstrationen in Italien. Die italienische Zeitung *La Stampa* schäumt vor Wut; sie sieht ihn in der Nähe der Kommunistischen Partei Italiens. Wo aber bleiben unsere deutschen Bischöfe? Wenn der Papst irgend etwas zu Pille und Empfängnis sagt, ist ihr Mund sehr groß. Wenn es um den Einzelnen geht, die privateste Moral im Intimbereich, da wissen sie alles! Jetzt geht es um

Tausende! Da sie sonst Treue zum Papst fordern, sollen sie jetzt gleich ihm den Mund aufmachen! Wo sind sie? Man hört selbst aus dem Mund von Bischöfen das Gerede vom gerechten Krieg. Man hört vom Münchener Erzbischof in der Weihnachtsansprache: „Saddam Hussein ist der zweite Hitler!" Also Krieg! Das ist die ideologische Rückendeckung für eine politische Rambo-Mentalität. Wir wollen sie nicht!

Wir in der katholischen Kirche der Bundesrepublik hätten die Pflicht, der Partei, die sich christlich nennt, die Gefolgschaft aufzukündigen. Das ist nicht antiamerikanisch, es nimmt den besten Teil Amerikas beim Wort. Der Großteil der amerikanischen Bischöfe, Vertreter unserer eigenen Kirche, ist erklärtermaßen gegen diesen Krieg. Wir sind ihre Verbündeten: auch wir wollen ihn nicht. Aber wo hören wir – außer von Bischof Franz Kamphaus von Limburg – Vergleichbares in Deutschland? In Amerika sind viele aus der Ära des Vietnamkriegs auf den Straßen, gründen einen Friedenssender bei Los Angeles, und ich sage: Wenn die ersten „Leichensäcke" von der Front kommen, wird sich die Friedensbewegung auch in Amerika verstärken und auf Deutschland zurückdrücken. Aber die ganze Orgie ließe sich heute noch verhindern. Am nächsten Sonntag wird es zu spät sein. Wenn wir wieder eine Totenmesse lesen, werden wir viele Tote, die wir beim Namen kennen können, weil sie auf westlicher Seite ums Leben gekommen sind, vor Augen haben. Die Namen der getöteten arabischen Frauen und Kinder werden wir nie erfahren, sie gelten uns als Abfallprodukt des Krieges. „Wir wollten sie nicht töten, sie kamen ums Leben, es war beiläufig." So geht man nicht mit Menschen um! Jeder getötete Mensch am Golf ist ein Toter zuviel. Und es müßte *heute* geändert werden. Die Macht der Welt, die den Krieg nicht heute unterbricht, macht sich schuldig an dem Krieg, der morgen sein wird. Das ist der Protest gegen die Politik Amerikas. Sie wollen wir nicht. Wir wollen, daß die Amerikaner ihre eigenen Grundsätze, die Bill of Rights, beim Wort nehmen: Jeder Mensch hat ein Recht auf Unversehrtheit an Leib und Seele. Also Schluß mit dem Krieg, Schluß und Ende mit dem befohlenen Töten!

Dürfen wir eine Messe feiern unter diesen Umständen, wo jedes Wort entweder zum politischen Aufruf oder zur Gebärde der Resignation und Verzweiflung werden muß?

Ich denke, es gibt etwas zu lernen über das spezifisch Katholische. Es ist in der Tat der Glaube des Katholischen, es gebe Bilder, Wahrheiten, Zeichen, die gültig seien, selbst wenn wir sie im Moment nicht erreichen, wenn sie über uns liegen wie ein Trost. Verdammt, ich möchte nicht, daß wir uns mit irgend etwas trösten und wieder so tun, als ob die Welt ganz in Ordnung wäre.

Doch was bleibt uns denn, als Gott zu bitten, er möge uns zu dem erheben, was er uns vorlegt: Brot und Wein; er möge den Frieden, an den wir glauben, uns so vor Augen stellen, daß wir ihn nicht für unmöglich erklären? Aber dann möchte ich, daß der Wein nicht einschläfert und das Brot nicht satt und müde macht. Dann möchte ich, daß es eine Kraft wird, zu schreien, zu protestieren, zu fluchen und zu kämpfen gegen den Krieg. Er ist die Summierung aller Verbrechen. Alle Taten, die im Zivilbereich als schlimmste Verbrechen gelten, Mord, Überfall, Einbruch, Diebstahl, Vergewaltigung, Schändung – alles das ist die systematisierte Form des Krieges, nur daß er völlig abstrakt ist. Um Krieg zu führen, darf man die Frau, das Kind, den Mann vor sich nicht sehen, sie sind das Unwesentliche; man muß buchstäblich über ihre Leichen gehen, man muß über Tausende von Menschen hinwegschreiten, denn dahinter liegt das Ziel, und es heißt: Gerechtigkeit, Tod für Saddam Hussein. Und man muß lange gehen, die

Straße wird immer länger, klebriger und schlüpfriger von Blut; auf ein abstraktes Ziel muß man schauen und, was man unter sich weiß, ausschalten. Das ist die Voraussetzung des Kriegs: die Abstraktion vom Menschen. Und was man uns zeigt, ist die Abstraktion von der Abstraktion vom Menschen, der Krieg als High-Tech-Werbung, ein Krieg mit „chirurgischen Schnitten", ein Krieg, in dem es keine Toten gibt, ein Krieg, in dem wir nur noch die eigene Rüstungsindustrie sich selber feiern sehen. Mit dieser gottverdammten Lüge muß Schluß sein! Wir sind Menschen und können uns sehr gut vorstellen, was es bedeutet, Menschen zu töten, zu verwunden, zu verletzen.

Ich fürchte, daß wir Sonntag um Sonntag nichts anderes werden tun können, als die Klagelieder des Jeremia zu sprechen, die die Kirche zu beten vorschlägt, wenn ein Kind gestorben ist. Es werden viele Kinder sterben an unserer Seite. Mehr als einzutreten für die Menschlichkeit haben wir nicht. Es ist die einzige Form, die Gott nicht beleidigt. Amen.

PLATZ ZU SCHAFFEN DEM RATSCHLAG DES FRIEDENS

6. 2. 1991

Ja, es stimmt: Wir stören die Ordnung. Denn wir wollen nicht, daß man den Krieg am Golf in Ordnung findet. Wir schaffen Unruhe. Ja, das wollen wir. Denn solange es Krieg gibt, läßt es uns nicht zur Ruhe kommen. Aber sind wir deshalb ein Fall für das Ordnungsamt? Hat deshalb der Oberkreisdirektor das Recht, uns Rechtsbrecher zu nennen?

Wir haben kein Recht, mit dem Krieg zurechtkommen zu wollen. Das ist das ganze Problem. An das Ungeheuerliche darf es keine Gewöhnung geben. „Die Alliierten setzten auch am 19. Kriegstage ihre Lufteinsätze gegen den Irak fort." Wir wollen, daß man diese Nachricht nicht hinnimmt wie den Wetterbericht der Spätausgabe der Tagesschau. Wir möchten, daß man sich vorstellt, was die wie normal klingenden Phrasen besagen: den 42 000. Einsatz des furchtbarsten Bombardements, das die Geschichte der Menschheit je gesehen hat: jeden Tag mehr als 18 000 Tonnen Sprengstoff, abgeworfen über irakische Städte, fünf Stunden lang Dauerbombardement über Basra, Bagdad und Mossul – wir möchten, daß man im Dröhnen berstender Bomben das Weinen irakischer Frauen und Kinder nicht überhört, und wir lehnen es ab, einen Krieg zu rechtfertigen und für gerecht zu erklären, von dem man nur eines ganz sicher weiß: in ihm werden weit mehr Kinder sterben als Soldaten an der Front.

Darum stehen wir Tag und Nacht auf dem Platz vor dem Rathaus der Stadt Paderborn, um Platz zu schaffen dem Ratschlag des Friedens: Hört auf mit dem Töten! Beendet den Krieg! Beseitigt die grausige Bereitschaft zur befohlenen Massenvernichtung von Menschen!

Es gibt kein Zurück in den Alltag, solange es Krieg gibt. Ein Ja zum Krieg, mit welchen Gründen auch immer, ist ein Nein zu allem, was menschlich wertvoll und schützenswert ist. Es gibt keine Tage mehr, es gibt keine Nächte mehr, es gibt keine Sonne und es gibt keinen Mond – solange Krieg ist, gibt es nur Grauen und Gräber und das Grinsen der Fratze des Todes. Sie schaut uns an aus der Ölpest im Golf, sie tönt uns entgegen aus den wirklich gesprochenen Worten von US-Vizepräsident Dan Quayle vom 1. Februar 1991 in England, es gelte, selbst den Einsatz von Atombomben „als eine reale Option" offenzulassen, falls man „es" mit konventionellen „Waffen" nicht schaffen sollte. Die „Option des Krieges" – fünf Monate lang hielt George Bush sie sich offen. Jetzt haben wir Krieg, und wir fordern das Ende der Lüge: Es gibt keinen „Friedenseinsatz" am Golf, und es gibt keine „Friedenstruppe" am Golf. Was es dort gibt, ist das grausame, gräßliche Töten von Menschen. Der Krieg ist der Krieg. Er wird niemals der Friede. „Wenn es zum Krieg kommt", erlärte im Januar US-Kriegsminister Dick Cheney, „dann wird er geführt werden bis zum endgültigen Sieg." Ein endgültiger Sieg – das ist die totale Vernichtung des Irak, das sind Hunderttausende toter Menschen, das ist ein Vielfaches an Verwundeten, das sind Millionen von Flüchtlingen, von Verhungernden, von Verzweifelten. „Dieser Krieg", erklärte am 27. Januar George Bush, „wird nicht geführt zwischen Juden, Christen und Muslimen; er wird geführt um das, was aller Religion zugrunde liegt: der Kampf zwischen Gut und Böse. Und das Ende dieses Krieges kann nur der Sieg des Guten sein." Genau das ist es, wogegen wir stehen und wogegen wir aufstehen: Das Ende jedes Krieges ist der Triumph des Todes und der Sieg der Barbarei über die Humanität. Es gibt keine guten Kriege. Es gibt den Krieg nur als das grauenhafteste Verbrechen an der Menschheit. Und wir sagen: Schluß damit!

„Aber Saddam Hussein bedroht Israel." Ja, das ist wahr, und es ist schrecklich. Doch die Drohung Husseins gegen Israel hat ihren Grund in dem seit über 40 Jahren ungelösten Problem der Palästinenser. Eine internationale Konferenz in Nahost, Druck auf die Regierung Schamir zum Rückzug aus den besetzten Gebieten und Friedensgespräche mit den Palästinensern – es hätte Israel besser beschützt als die eilig eingeflogenen Patriot-Raketen. Alle Menschen, die in Tel Aviv schon gestorben sind oder verwundet wurden, könnten noch leben und gesund sein ohne den Krieg. Aber seit Jahren muß Israel wählen zwischen Land und Frieden. Wer Israel liebt, der hat keine Wahl. Der will Frieden.

„Aber Saddam Hussein annektierte Kuwait." Und: „Wo wart ihr am 2. August 1990?" Es ist wahr: Wir waren monatelang mit der Politik des Handelsembargos gegen den Irak einverstanden, wir sahen keinen Grund zum Protestieren, weil wir nicht glauben wollten, daß die „Option" des Krieges wirklich ernst gemeint sein könnte; wir vertrauten zu lange der Moral unserer Regierungen und dachten mit Hans-Dietrich Genscher: „Wer nicht schießen will, muß reden." Also: Irgendwann werden sie schon reden. Bis wir schließlich wußten, daß weder die Amerikaner noch die Briten reden wollten. „Mit Verbrechern spricht man nicht", erklärte markig, neu gewählt, Premierminister Major. Aber wie denn: Sprengt man, um einen Gangster zu erledigen, der in einer Bank hundert Geiseln in seine Gewalt gebracht hat, das ganze Haus samt allen Unschuldigen in die Luft? Und nennt das dann „das richtige Signal, daß sich Gewalt nicht auszahlt"? Immer wieder, schon zur Beruhigung des Gewissens, erklärt man den eigenen Krieg für unvermeidlich, für gerecht, für richtig, und immer wieder malt man sich aus, daß all die begangenen Verbrechen am Ende eine bessere Welt heraufführen würden. Aber noch niemals hat ein Krieg ein Problem gelöst, und stets versank der Stern des Friedens in dem Meer von Blut und Tränen, in das man die Menschen tauchte, um ihn zu erreichen.

„Man muß manchmal Schlimmes tun, um Schlimmeres zu verhindern", hieß es dieser Tage im Deutschen Bundestag. Wir sagen: Nichts ist schlimmer als das befohlene Töten unschuldiger Menschen. Und das Allerschlimmste – das wäre, wir fänden als Sieger am Ende das Grauen des Krieges ganz richtig; dann hätten wir wirklich „endgültig" gesiegt. Wir wären moralisch vernichtet. Denn beerdigt hätten wir mit den Hunderttausenden von Getöteten zugleich unser sittliches Urteilsvermögen, das unbestechlich erklärt: Du sollst nicht töten, oder, wie der Koran in der 5. Sure sagt: „Wer eines Menschen Leben auslöscht, der ist wie einer, der aller Menschen Leben auslöscht." Blut wäscht keine Hände rein, und ein reines Gewissen beim Töten von Menschen, die bürgerliche Beruhigung, der richtigen Sache zu dienen, indem man zusieht, wie Unschuldige sterben – das geht nicht mit uns! Wir schreien! Wir wollen Unruhe, Mahnwache, Störung, Protest und Provokation sein. Und dafür stehen wir: Man kann nicht übergehen zur Tagesordnung, solange noch Krieg ist; und Krieg ist, solange der Gedanke nicht endgültig aufgegeben ist, daß Krieg moralisch doch möglich und irgendwie gar nicht so schlecht sei – eine Mutprobe, eine Sache der Ehre, ein Opfer, das unter Umständen nötig ist. Mut hat, wer heute nein sagt zum Krieg, zu ehren ist, wer die Menschen versöhnt, aber Menschenopfer – welch ein Götze von Gott soll sie lohnen?

Denn eines stimmt nie und nimmer: der Religion zugrunde liege der ewige Kampf zwischen Gut und Böse. Der Religion zugrunde liegt die Erkenntnis, daß sich zwischen Gut und Böse nie endgültig trennen läßt, daß wir stets beides in uns tragen und daß wir allesamt angewiesen sind auf Erbarmen und Güte – jenseits des „Rechts". Wenn Allah nach den Freveln strafen würde, würde nichts mehr auf Erden sein, sagt der Koran (XVI 62), und die Bibel schildert (Gen 6,5 ff), wie Gott die ganze Welt vernichten müßte, wenn er das Unrecht der Menschen ahnden wollte. Welch ein Gott soll das sein, der einem amerikanischen Präsidenten das Recht gibt, Tausende von Menschen zu töten, um die USA als den neuen Garanten einer künftigen Weltordnung auszurufen? Ein „Gebetssonntag" für die eigenen Soldaten – nein, wenn es einen Gott im Himmel gibt, dann will er nicht, daß Menschen in seinem Namen, guten Gewissens, mit geistlichem Beistand womöglich, Menschen töten. Sechs Wochen nach Weihnachten ist das alles offenbar niemals gesagt: daß der Erlöser der Welt grade abseits von Rom, fernab von Jerusalem kam und nichts im Sinn trug mit der weltbefriedenden Macht des Augustus und der heuchlerischen, kindermordenden Frömmigkeit des Herodes. „Ihr könnt nicht Gott dienen und dem Mammon" (Mt 6,24) – es hätte so viele Chancen gegeben, die Konflikte des Nahen Ostens zu lösen, würde man, statt von dem Wahn eines gerechten Krieges, nur endlich Gebrauch machen von der Bergpredigt.

16 Milliarden Mark – im Handumdrehen werden sie von der Bundesregierung bewilligt, um den Krieg der Amerikaner und ihrer Verbündeten am Golf zu finanzieren. In all den Jahren war nicht ein Bruchteil aufzubringen im Kampf gegen Hunger und Elend in der Dritten Welt. Einfach durch die Tatsache dieses unseligen Krieges werden im Schatten einer Politik der angemaßten Neuordnung der Welt immer noch mehr Menschen Jahr für Jahr elend zugrunde gehen.

Versteht ein Oberkreisdirektor wirklich nicht, warum wir kein Recht darin sehen, Steuern zu erhöhen einzig als

Blutgeld für den Golfkrieg? Eine Hungersteuer, eine Entwicklungssteuer, eine Katastrophenhilfesteuer, eine Geburtenkontrollsteuer, eine Regenwaldschutzsteuer – eine Steuer der Menschlichkeit, allemal ja! Aber beisteuern zum Krieg – das wollen wir nicht.

Und ebendeshalb darf der Rückzug in die bürgerliche Ruhe nicht gelingen. Solange unser Geld dazu verwendet wird, den Krieg zu finanzieren, ist es nicht gut, Geld zu verdienen; solange unsere Arbeitskraft dazu verwendet wird, mittelbar der Industrie des Todes zu dienen, ist es nicht gut, weiter arbeitsam zu sein; solange unser Pflichtgefühl mißbraucht wird, unsere Seelen abzustumpfen und den „Dienst nach Vorschrift" zu ermöglichen, ist Ungehorsam besser als Fügsamkeit. Und kein Ordnungsamt und keine Oberkreisdirektion ändert etwas an diesem Grundkonflikt: Eine Ordnung, die nicht den Krieg verhindert, verliert ihre Legitimation; eine Form des Zusammenlebens, die ganze Völker in den Untergang stößt, ist nicht Leben, sondern Tod.

Eine Jugend, die aufsteht gegen den Krieg – gegen diesen Krieg und gegen jeden Krieg –, ist die einzige Hoffnung für morgen; und alte Leute, die sich erinnern und wollen, daß niemals mehr wiederkehrt, was sie selber als Kinder erlebten, sind wie lebende Mahnmale gegen den Krieg und wie Boten des Friedens in einer unheilen Welt – die einen zeigen uns, daß man aus der Geschichte lernen kann, und die anderen machen uns Mut, den Gang der Geschichte zu ändern. So bleibt noch immer zu hoffen, daß die Lehre der Stunde jetzt lautet: Nie wieder Krieg! Und: Stoppt den Krieg am Golf! Und: Beendet das Töten! Damit die Erde aufhört, den Mächtigen als Schlachtfeld von Menschen zu dienen, beanspruchen wir den Platz vor dem Rathaus. Die einzige Ordnung ist: Friede. Keine Anordnung und keine Verordnung vermag etwas gegen dieses Einfache.

ES GIBT FÜR DIESEN GLOBUS
NUR EINE LÖSUNG
DER GEMEINSAMKEIT

9. 2. 1991

Ich habe sehr viel Verständnis dafür, wenn Sie sagen: „Heute um Gottes willen keine Predigt über den Krieg! Seit drei Wochen ist Krieg, und es wird uns zuviel, noch irgend etwas davon zu hören. Man kann nicht ständig seine Augen in den Qualm brennender Häuser und brennender Erdölquellen richten, ohne daß man erblindet. Man kann nicht dauernd das Geschrei von Verwundeten und Schwerverletzten in den Ohren haben, ohne taub zu werden. Irgendwann kommt die Grenze, wo Menschen bestimmte Dinge nicht mehr ertragen und wo sie ein Recht haben, abzuschalten. Ein Gottesdienst ist ein Ort der Ruhe, nicht der ständigen Beunruhigung." Ich habe sehr viel Verständnis dafür, wenn Sie so denken. Außerdem werden Sie sagen: „Wir richten doch nichts aus noch an; wir verhindern überhaupt nichts. Wir können Gott bitten, oder wir können mit großem Pathos mahnen und aufrufen, daß Schluß sein soll mit dem Krieg, daß Waffenstillstand sein soll – noch heute abend, ehe das Massenmorden von zweimal fünfhunderttausend Menschen am Boden mit der ganzen Orgie strategischer ‚Vernunft' losbricht."

Wir richten nichts aus, das ist wahr, aber was wir mit biblischem Pathos und religiösem Ernst tun können, das ist die Tat der Rizpa, der Tochter Ajas. Die Bibel erzählt von ihr eine einzigartige Tat. In der Zeit einer Dürre erklärten die Ratgeber König Davids, Gott habe den Himmel verschlossen einer alten Blutschuld wegen, die über dem Hause Saul liege. Daraufhin liefert der König sieben Männer aus der Familie Sauls zur Hinrichtung durch

Pfählen aus. Doch der Himmel bleibt weiter verschlossen. Da hört von der gräßlichen Hinrichtung Rizpa, die Nebenfrau Sauls, und kniet sich zu den Getöteten bei Tag und bei Nacht. Als David davon erfährt, läßt er die Toten im Familiengrabe Sauls beisetzen; und jetzt erst öffnet sich der Himmel und ergießt seinen Regen über das Land. – Ganz ähnlich wir! Wenn wir denn das Morden nicht verhindern können, können wir doch eintreten in ein Protestschweigen und ein Protesttrauern um die Getöteten. Wir können uns hinkauern neben unsere unsichtbaren erschlagenen Schwestern und Brüder und den Himmel um Versöhnung bitten. Denn anders läßt er sich nicht versöhnen. Es war ein Irrtum der Ratgeber Davids, zu glauben, es werde regnen, wenn man Rache übe und durch die Ermordung anderer, mutmaßlich Unschuldiger das Recht wiederherstelle; es sei ein Gott im Himmel, der die Blutrache wolle; und wenn nicht Blut fließe auf Erden, lasse er nicht regnen vom Himmel. Dies ist ein Irrtum! Gott wird einzig durch das Mitleid versöhnt, durch die Tat der Rizpa, die wenigstens aufhält, daß man die Toten schändet.

Es ist kein spezifisch biblisches, es ist ein menschliches Motiv. Wir finden es wieder auf den Bühnen der Welt, zum Beispiel in der griechischen Fassung der „Antigone", die erzählt, wie in Theben die Brüder Polyneikes und Eteokles übereinander herfielen und sich gegenseitig mordeten, genau wie in der biblischen Geschichte von Kain und Abel. König Kreon von Theben aber erklärte, daß Eteokles schon immer ein guter, rechtschaffener, braver Mann gewesen sei, während alles Böse den Namen Polyneikes trage. Er verwese zu Recht unbeerdigt, und niemand solle ihn bestatten. Keine Ruhe solle er finden im Hades, denn ein Verfluchter sei er, so will es die Staatsräson von Theben. In dieser Stunde kauert an der Leiche des Polyneikes, ihres Bruders, ein Mädchen, Antigone, nieder und *wagt es, aufzustehen gegen Staatsrecht zugunsten des ewigen Gottesrechts* mit dem ungeschriebenen Anspruch, daß Menschen zusammenhängen auch über den Tod hinaus. Das ist zuviel für König Kreon. Das bedroht seine Macht. Er läßt Antigone töten. Wenn sie schon eine so gottverdammte Sehnsucht nach dem Tod und nach den Toten hat, soll sie mitvermodern, soll sie hinabsteigen in die Erde mitsamt Polyneikes! Im Drama des Sophokles erlebt Kreon, wie seine eigene Frau und der Geliebte Antigones das Leben verweigern und selber, freiwillig oder gezwungenermaßen, in den Tod gehen, weil sie nicht leben wollen mit der Willkür der Mächtigen. Und am Ende findet auch Kreon keinen Weg mehr, scheinbar unschuldig, weil im Besitze der Macht, seine Befehle zu geben.

Es gibt Zeiten, in denen man die Weltliteratur nicht mehr zitieren muß, indem man sie sich auf der Bühne vorführen läßt. Es gibt Zeiten, da sie sich selber aufführt und wir unsere Rolle finden und zwischen Kreon und Antigone wählen müssen. Wer die Wahl der Antigone trifft und sich neben den Erschlagenen niedersetzt, der wird die Mächtigen einfach durch sein Dasein fragen, woher sie den Frevel ihrer Unschuld genommen haben, Mord auszurufen über Menschen. Er wird das schlechte Gewissen verkörpern, das nicht zur Ruhe kommen will noch kann, denn wenn Menschen über den Tod hinaus zusammengehören – was waren sie dann vorher, bevor man sie ermordete? Dann waren sie nie auseinanderzureißen, und es gab kein Recht, sie zu trennen. Dann gibt es nur eines zu bekämpfen: den Befehl, Menschen zu töten. Und das ist Antigone, das ist Rizpa, die Tochter Ajas.

Was wir in diesen Tagen lernen müssen, ist die Infragestellung aller bürgerlichen Denkgewohnheiten, und es bleibt uns nicht erspart, das Christentum sechs Wochen nach Weihnachten noch einmal ganz neu zu lernen.

Wir sind groß geworden in der Überzeugung, daß die staatliche Gewalt von Gott gesetzt ist – Römer 13 – und daß das alles schon irgendwie funktioniert, wenn wir nur mitmachen, staatstragende Bürger, die wir sind. Aber ein Staat, der nicht verhindert, daß wir in den Krieg einwilligen, ist nicht auf dem rechten Weg. Irgend etwas stimmt nicht in der Weltordnung, wenn uns erklärt wird, daß es unter Umständen eine Pflicht sein kann, in den Krieg einzutreten, daß man, um Schlimmeres zu verhindern, Schlimmes tun müsse.

Es gibt diese furchtbar genaue Erzählung im 4. Kapitel des Matthäusevangeliums von einer Versuchung, die Jesus selber bis ins Herz hinein betrifft. Es ist ein ewiger, teuflisch-göttlicher Gedanke, man könne auf einen Berg steigen und sei im Besitz aller Macht und Herrscherfülle, die ganze Welt liege einem zu Füßen und man könne die Weltherrschaft erstreben, um die Erde zu befrieden. Alle Reiche der Welt vereinigt in der Hand eines Menschen, eines Gottessohnes wie Jesus Christus, wäre das nicht zu wünschen? Endlich hätte die Macht ihre Bündelung in einem Untadeligen! Könnte nicht endlich die gesamte Welt, regiert von einem solchen, dem Mann aus Nazaret, ihren Weg in Harmonie, Verträglichkeit, Gerechtigkeit und Frieden finden?

Was hier auf dem Spiel steht, ist die Absage nicht nur an ein bestimmtes Herrschaftssystem, sondern an das *Prinzip,* das jeder Illusion von einer Weltbefriedung auf dem Weg der Macht zugrunde liegt. Es ist unvereinbar mit dem 4. Kapitel des Matthäusevangeliums, wenn wir heute den Führer der westlichen Führungsmacht predigen hören, dieser Krieg am Golf sei ein Krieg, an dem die Menschheit und die Weltgeschichte sich entscheide, denn nach diesem Krieg werde die neue Ordnung kommen, kein Aggressor werde es künftig wagen, irgendein anderes

Land zu überfallen, ein Ende werde sein mit den Diktatoren, und eine amerikanische Ordnung werde den Globus umspannen in Vereinigung der besten Interesssen von Recht, Gerechtigkeit und Frieden. Es ist der ewige Wahnsinn, zu glauben, daß man durch ein Meer von Blut waten müsse, um sich am Ende am anderen Ufer in dem Besten zu sammeln, was die Menschen tragen kann. Die Wahrheit wird sein, daß alles korrumpiert ist, was man aufgebaut hat in der Verfolgung eines Ziels, das ständig weiter fortrückt, je mehr man glaubt, sich ihm anzunähern. Der Friede dieser Welt wird nicht aus der Hand der Mächtigen geboren. Das ist zu lernen in diesen Tagen. Es gibt kein Instrument des Krieges und des Unheils, das Heil und Frieden bereiten kann. Es ist eine ewige, buchstäblich satanische Versuchung, zu denken, irgendwann werde dies möglich sein, wenn wir nur die Macht besser und richtiger verwalten. Es ist aber der *Verzicht* auf Weltherrschaft, der Christus angemessen und entsprechend ist.

Ich denke, daß wir aus den unseligen Verflechtungen am Golf eine ganze Menge an Mut gewinnen können, etwas für die Zukunft zu lernen.

Seit 25 Jahren, seitdem ich Priester bin, vergeht kein Jahr, in dem ich nicht vor Ostern und Weihnachten zu Misereor und Adveniat predigen soll und will und möchte, daß uns Katholiken und Christen die Sorge für Hunger und Elend in der Dritten Welt ein Anliegen ist. Wirklich, die 20 Prozent Katholiken, die sonntags zur Kirche gehen, bringen im Kampf gegen den Hunger in der Welt alljährlich ungefähr 50 Millionen Mark auf. Das ist eine ganze Menge, es ist sehr achtenswert, sehr dankenswert. Setzen Sie es nun aber in Relation: Wir diskutieren im Jahre 1991 über die Fertigstellung der Blaupausen für den Jäger 90. Das ist ein einziges „Waffensystem". Dieses einzige Waffensystem unter vielen hundert anderen kostet schätzungsweise 100 Milliarden Mark. Ich denke, Sie können 100 Milliarden durch 50 Millionen dividieren; dann werden Sie rasch erkennen, daß wir Katholiken in der Bundesrepublik 2000 Jahre lang sammeln und sammeln können, bis wir auch nur den Gegenwert für den Jäger 90 aufgebracht haben! Und inzwischen werden jedes Jahr 50 Millionen Menschen sterben! Dafür ist *niemals* Geld dagewesen, nie und niemals in über 25 Jahren. „Es ist unverantwortlich, für Hungernde Geld auszugeben, das verträgt unsere Wirtschaftsordnung nicht. Erst wenn wir ein reicher, sozial begüterter, mächtiger Staat sind, werden wir und können wir uns die Nächstenliebe leisten!" Jetzt – innerhalb von drei Wochen – sind plötzlich 12 Milliarden, 16 Milliarden für den Krieg vorhanden. Eine Steuer für den Krieg wird eingeführt. Es ist uns gleichgültig, ob die Zahl von 50 Millionen Verhungernden auf 80 oder 100 Millionen steigt, wenn wir nur weiter unsere Pflicht tun und weiter unseren Egoismus pflegen. So steht es um die Illusion der Weltreiche, daß das, was wir heute Politik nennen, nichts weiter ist als die Verwaltung des Nationalegoismus. Das darf nicht so bleiben! Christlich ist, zu begreifen, daß die Menschen überall auf der Welt zusammenhängen und man nicht den einen Staat herausheben kann, um den anderen in den Untergang zu treiben. Das Christentum hat die Sicht von einer Welt, die zusammenhängt; ebendeshalb dient sie nicht der Herrscherwillkür einzelner Staaten oder Mächtiger.

Es gibt für diesen Globus nur eine Lösung der Gemeinsamkeit. Dann aber ist es der blanke Unfug, sich gegen das Elend, gegen die Aggression, die aus dem Elend kommt, gegen den Haß, der der Verzweiflung entstammt, zur Wehr zu setzen und immer so zu tun, als ob *wir* im Recht wären. „Die Palästinenser sind Verbrecher! Nein, mit Palästinensern kann man nicht reden!" – 1,5 Millionen Verzweifelter scheiden aus der Diskussion aus. Sie sitzen seit 40 Jahren im Nichts. Mit ihnen kann man nicht verhandeln, Punctum! Und was werden sie machen? Sie werden Bomben legen, sie werden Terrorakte begehen. Also sind sie noch viel schlimmere Teufel: „Weg mit ihnen! Liquidieren wir sie! Wir haben die Fähigkeiten, die Möglichkeiten und, viel besser noch, das gute Recht auf unserer Seite." – Was wäre, wenn wir 16 Milliarden Mark aufbringen könnten zur Lösung der Not, beispielsweise der Palästinenser? Es hätte die Bergpredigt zum erstenmal eine wirkliche Chance. „Ihr könnt nicht zweier Herren Diener sein", sagt Jesus, „ihr könnt nicht Gott dienen und dem Mammon. Aber ihr könnt euch Freunde machen mit dem ungerechten Mammon!"

Wir haben eine Kirche, die von der Bergpredigt keinen Gebrauch zu machen wagt, sobald es um Politik geht. Für den Raum der Politik hat sie eine famose Lehre, die vom „gerechten" Krieg. Der heilige Augustinus hat sie, mühselig genug, aus dem römischen Staatsrecht aufgenommen. Seine wirkliche Meinung vom Zustand der Politik steht im „Gottesstaat" geschrieben. Dort meint er: Die Reiche dieser Welt sind große Räuberbanden, die Mord und Erpressung nur deshalb nicht unter Strafe stellen, weil es infolge der Größe ihrer Untaten gar nicht mehr möglich ist. Es gibt kaum ein verzweifelteres Wort über das, was wir die normale geschichtliche Vernunft nennen. Als blanke Notverordnung denkt Augustinus daran, daß unter Umständen, wenn eine Aggression sich gar nicht mehr verhindern läßt, es eine Art von kollektivem Notwehrzustand geben könne, ausgerufen von einem legitimen Staatswesen. Die alten Römer, und Augustinus inbegriffen, bestanden darauf, daß zur Gerechtigkeit des Krieges nicht nur der Anlaß und das Ziel, sondern vor allem die Art der Durchführung zähle. Es sollten Plündern, Morden, das Töten von Unschuldigen, von Frauen

92

und Kindern in jedem Falle ausgeschlossen bleiben. Und damit sind wir mit der Lehre vom „gerechten" Krieg endgültig am Ende. Noch 1917, nach dem Gaskrieg von Verdun, hat man im Völkerbund gemeint, es müsse Schluß sein mit dieser Art maschinellen Tötens, wir bräuchten Gesetze, die bestimmte Waffen oder besser gesagt Massenvernichtungsmittel ächten und unter Verbot stellen. Wir haben aus dem Ersten Weltkrieg nur gelernt, daß wir im Zweiten noch besser müßten morden können. Auch das war nicht genug. Die konventionellen Waffen, Gas, Sprengstoff, Brandbomben – das alles war nicht genug! Die Atombombe – auch sie war nicht genug! Die Wasserstoffbombe – noch immer nicht genug! Gibt es nicht Mikroben, Bazillen, die Menschen millionenfach auf Erden ausrotten können? Pest, Cholera, Botulismus – ein einziger Teelöffel könnte New York oder Peking oder Moskau oder Kairo ausradieren – wo immer man es richtig hinplaziert. Es waren die Zyniker im Pentagon, es waren die Zyniker im Warschauer Pakt, es waren Militärs, die uns gelehrt haben, daß man Menschheitsgeißeln nicht mehr als Instrumente zum Massenmord betrachten könnte, sondern als Waffen, wenn man sie nur richtig einsetzt. Jetzt packt uns der Schauder: Der Teufel Saddam Hussein könnte im Besitz biologischer Waffen sein. Aber hol's der Teufel, wer hat's ihm denn beigebracht? Wer hat sie ihm gegeben, und wo waren unsere ethischen Beschränkungen, als wir dachten, das gehe alles folgenlos, jede Art von Terror sei gerecht, wenn bloß *wir* ihn ausüben?

Vielleicht lernen wir in diesen Tagen, daß alle Verbrechen sich im Herzen und im Kopf vorbereiten. Dies, daß man Generation für Generation Soldaten ausbildet, denen man zeigt, wie man biologisch oder chemisch oder atomar Krieg führt, ist das Verbrechen im Prinzip. Irgendwann wird zur Wirklichkeit vordringen, was da an Alpträumen gekocht wird. Und dann gnade uns Gott! Daß er uns vergebe, wage ich manchmal nicht zu hoffen.

1942 war es, daß Kardinal Ottaviani, ein erzkonservativer Kardinal, von der traditionellen Lehre vom „gerechten" Krieg aus zu dem Schluß kam: Ihre Anwendung bedeutet, daß es im 20. Jahrhundert keinen „gerechten" Krieg geben kann. Eine Ächtung *jeden* Kriegs folgt auf dem Fuße.

Das, was wir jetzt im Irak erleben, ist die Widerlegung aller Prinzipien, nach denen im Sinne eines „gerechten" Krieges Krieg geführt werden sollte. Ein Krieg, der vier Wochen, fünf Wochen lang mehr als 50 000, am Ende 70 000 Bombeneinsätze über irakische Städte bringt, ein solcher Krieg tötet Tausende von Menschen, macht andere lebenslänglich zu Krüppeln, wenn sie überleben. Und niemandem von ihnen hat man gesagt, wofür das gut sei; für jeden von ihnen versinkt die Welt endgültig in einem Meer von Schmerz und Nichts und Grauen. Was rechtfertigt es, Menschen abzuschlachten, bloß um irgendein Ziel *hinter* ihnen anstreben zu können? Aber genau das ist es, was geschieht. Es ist deutlich zu sagen, daß für das, was sich in diesen Tagen am Golf abspielt, nicht einmal ein Mandat der UNO existiert. Zur Vernichtung des Irak gibt es kein UNO-Mandat. Es ist eine glatte Lüge, zu sagen, die Amerikaner seien die Macht, die den Völkerwillen zusammenbündele und allein die Fähigkeit besitze, ihm Durchschlagskraft zu verleihen. Das Mandat der UNO sah vor, daß militärischer Einsatz zur Befreiung von Kuwait, nicht zur Vernichtung des Irak, möglich sei. Es gab auch kein Mandat dafür, als erstes den Irak in eine Feuerhölle zu verwandeln, um dann Kuwait zu retten. König Hussein von Jordanien hat vor drei Tagen flehentlich und verzweifelt um einen Waffenstillstand in Nahost gebeten, einzig um zu verhindern, daß das Töten immer weitergeht, auch weil sein eigenes Volk am Rand der Existenz steht, weil die Verwirrung in Nahost wie ein Flächenbrand sich ausweiten kann. Die Antwort der wichtigsten Führungsmacht, der Ordnungsmacht der Welt, die fähig ist, den Weltwillen zur Gerechtigkeit zu kanalisieren, lautet schlicht und einfach: „Wir sperren den Jordaniern die 100 Millionen Subventionen pro Jahr, fertig!" Wir haben die Macht, jeden finanziell zu nötigen, der uns widerspricht, wir sind die Nummer Eins! Das wird die Ordnung der Welt von morgen: Gott *und* der Mammon, das gilt es zu begreifen!

Also sage ich deutlich: Wir müßten in der Kirche endlich die Kraft gewinnen, aufzustehen gegen das, was heute Politik heißt. Wir müßten sagen: „Dies, was ihr Verantwortung im Rahmen der Politik nennt, ist völlig ohne Vision und Träume. Innerhalb des plattesten Egoismus habt ihr nie die Phantasie, kreativ zu sein für andere; ihr löst nicht Probleme, ihr schiebt sie ständig auf und vergrößert sie. Hunger und Elend ist das, was ihr anrichtet, und *dagegen* müßte etwas geschehen!"

Nicht, wie man sich immer noch besser schützt, immer noch mehr mit Waffen hochrüstet, sondern wie Schluß ist mit der Hochrüstung, dazu hätten wir Deutschen schon im Jahre 1990, am Tag der Wiedervereinigung, etwas zu sagen und zu zeigen gehabt. Nichts bedroht uns, wir brauchen keine NATO. Tatsächlich aber hieß es vor einem Dreivierteljahr: „Die NATO ist gut, damit unsere Verbündeten keine Angst vor einem wiedervereinigten Deutschland bekommen." Warum konnte denn kein deutscher Politiker sagen: „Vor uns braucht man ab sofort keine Angst mehr zu haben. Wir brauchen kein Militär. Wir nehmen 35 Milliarden Mark pro Jahr und setzen sie, im Sinn einer verantworteten Politik für die Zukunft, im Kampf gegen Hunger und Elend ein. Wir *haben* Weltverantwortung, aber wir begreifen *nicht,* daß unter Weltverantwortung nur zu begreifen seien der Bau von Panzerwagen, das Training im Abwurf von Bomben, der Besitz von Geheimwaffen chemischer, biologischer, atomarer Natur und der Anspruch, das Recht – *unser* Recht! –, die Gerechtigkeit – *unsere* Gerechtigkeit! – mit Waffengewalt zu schützen."

Es macht mich traurig und bitter, daß die Bischöfe der katholischen Kirche in Deutschland in den Fragen von Krieg und Frieden, jedenfalls solange ich auf dieser Erde lebe, versagt haben. Sie hatten 1956 sogar die Stirn, Jesuiten in den Bundestag zu schicken und sagen zu lassen: „Kein Katholik hat das Recht, den Kriegsdienst zu verweigern." Diese Meinung hielt sich sieben Jahre lang, bis die Weltkirche den deutschen Bischöfen erklärte, daß es sehr wohl ein Recht auf Gewissensentscheidung im Umgang mit Krieg und Frieden gibt. Nicht die deutschen Bischöfe lehrten das, sondern die Gemeinschaft der katholischen Kirche brachte es ihnen bei. Als 1965 Papst Paul VI. seine aufrüttelnde Enzyklika „Populorum progressio" zum Fortschritt der Völker erließ und die Weltverantwortung gegenüber den Menschen im Elend anmahnte, war dies die einzige Enzyklika, die in deutschen Landen von den Bischöfen gegenüber den regierenden Parteien kaum in den Mund genommen wurde. Alles andere, die Fragen der Empfängnisverhütung, des Ehebruchs, der Ehescheidung, war wichtiger. Jetzt erleben wir, daß unser Papst Johannes Paul II. vom Krieg eindeutig abrückt und sagt: „Er ist ein Verbrechen, das dem Verbrechen der Aggression tausendfaches Leid hinzufügt; er ist ein Abenteuer, von dem es kein Zurück gibt." Ist es nicht an der Zeit, daß unsere katholischen Bischöfe eindeutig sagen: Nein zum Krieg, zu diesem Krieg und jedem Krieg!?

Da hat es keinen Sinn, von dem „Dilemma" der Politiker zu sprechen, jedenfalls dann nicht, wenn sie sich ihr

Dilemma selbst bereitet haben durch Verweigerung von Gesprächen, durch Abstinenz von Verhandlungen, durch Phantasielosigkeit beim Suchen nach Lösungswegen, beim Offenhalten der „Option des Krieges". Diesen Wahn hat man sich fünf Monate lang ohne Widerspruch angehört: „die Option des Krieges offenhalten"! Am 1. Februar dieses Jahres konnte der Vizepräsident der Vereinigten Staaten in England erklären, daß, wenn das Kriegsziel am Golf mit den konventionellen Waffen nicht zu erreichen sei, er sich die „Option der Atombombe offenhalten" werde. Mit anderen Worten: Entweder sind die Waffen, die wir haben, die Massenvernichtungsmittel, schon gleich stark wie die Atombombe, oder wir haben wirklich die Wünschbarkeit der Atombombe offenzuhalten. Dies alles ohne Widerspruch! Da kann der Massenmord geplant, gewünscht, betrieben werden – ohne Widerspruch!

Doch eine Kirche, die dazu schweigt, ist nicht die Kirche aus dem 4. Kapitel des Matthäusevangeliums, es ist eine Partnerkirche der Macht, eine NATO-Kirche, ein Ideologielieferant für die Geschützrohre am Golf. Dies ist Verrat an der Botschaft Jesu. Also tue ich in meiner Not etwas, was ich nicht gern tue: ich verlese stellvertretend ein Wort der evangelischen Kirchenleitung von Westfalen zur Lage am Golf. Es ist eines der wenigen klaren Worte im Namen des Christus, ein wirklicher Trost. Es lautet:

„Wir wissen uns verbunden mit allen Menschen, die angesichts der Kampfhandlungen am Golf in Angst und Ratlosigkeit verstummen oder aufschreien. Wir teilen die Angst vor den verheerenden und unberechenbaren Folgen des Golfkrieges: Tod unzähliger Menschen im Nahen Osten, schwere Umweltschädigungen, Rückschläge in der Wirtschaft und in der Politik weltweit. Mit Entsetzen sehen wir die Gefahr, daß daraus ein Weltkrieg werden kann. Zusammen mit anderen Kirchen haben wir bezeugt: Krieg darf nach Gottes Willen nicht sein! Das gilt auch für den Krieg am Golf. Wir hoffen auf ein schnelles Ende der Kämpfe und fordern, alle Möglichkeiten der Diplomatie zu nutzen, um einen unverzüglichen Waffenstillstand zu erreichen. Wir sehen mit Bestürzung, daß dieser Krieg durch die Lieferung von Waffen und Technik aus vielen Staaten, darunter auch Deutschland, ermöglicht wurde. Als Christen müssen wir bekennen, daß wir nicht entschlossen genug dem Ruf Jesu Christi gefolgt und Werkzeuge seines Friedens geworden sind im Glauben, im Beten und im Tun. Mit Martin Luther rufen wir zu Gott:

Verleih uns Frieden gnädiglich,
Herr, Gott, zu unsern Zeiten!
Es ist ja doch kein andrer nicht,
Der für uns könnte streiten,
Denn du, der Gott, alleine."

Amen.

DIE LOGIK DES KRIEGES

16. 2. 1991

Wer kann, mag mit dem Kontrast leben: ich mag es nicht. Ich will nicht, daß in diesen Tagen der Herr „unsere Seele erquicket", wie wir soeben im Lied gesungen haben. Und „mir fehlt" *alles,* vor allem aber der Friede unter den Menschen. Was wir erleben, ist genau das Gegenteil des Psalms 23, das Ende der Glaubwürdigkeit jeder biblischen Botschaft vom Frieden, wenn und solange wir Frieden machen wollen mit dem Krieg.

Wir haben diesen Krieg nicht verhindern können, wir können ihn nicht einmal aufhalten, geschweige denn beenden! Und wir haben kein Konzept für das, was danach kommt. Aber eines können wir: Wir können die Fratze des Krieges anschauen in ihrer ganzen Gräßlichkeit und sie studieren mit der Präzision, in der in der Eiszeit ein Jäger einen Büffel auf den schneebedeckten Feldern anschauen, in sein Gedächtnis nehmen und an die Wände malen konnte: als Vorbereitung darauf, das Untier zu erlegen. Wir können das Ungeheuer Krieg in unsere Phantasie nehmen und es malen wie Pablo Picasso nach der Bombardierung der nordspanischen Stadt Guernica durch die Legion Condor im Spanischen Bürgerkrieg. Da stellt er dar, wie ein Stier mit breiter Stirn, hörnerbewehrt, durch das Gefüge von Mauern einbricht in den Lebensraum von Menschen, mit einer Fackel Feuer legend an die Stätte des Friedens. So sah er die Detonation der Bomben in den Häusern von Unschuldigen.

Es ist wenig mehr als fünfzig Jahre her, daß die Weltöffentlichkeit empört war, weil sie mit ansehen mußte, wie der moderne Krieg Menschen, die „nichts mit ihm zu tun"

hatten: Frauen und Kinder, in den Tod riß. Das Antlitz des
Stier-Ungeheuers Krieg war in unseren Tagen auf allen
Fernsehschirmen von neuem zu sehen. Ein Bunker in
Bagdad, gefüllt mit Tausenden von Menschen auf der
Flucht vor dem Tod, in einer gnadenlosen Falle. Wie hat
man vor der Welt die neuen Waffen gepriesen! Wie genau
und geradezu menschenfreundlich sie eingerichtet seien!
Präzisionswaffen haben wir erfunden, die nur die Brücke
treffen, nicht das Haus „nebenan". Wenn denn der amerikanische Geheimdienst so genau wußte, daß in einem irakischen Bunker Befehlsstellen und Kommandozentralen
waren, wieso wußte er nicht, daß dieser Bunker auch von
Zivilisten genutzt wurde?

Natürlich wußten wir, daß im Krieg Menschen sterben.
Aber jetzt hat man es *gesehen:* durch das Bombardement
zerfetzte Frauen und Kinder. Soll das die Zukunft der
arabischen Welt sein?

Schluß damit! Wir wollen einen Bomben-Stop, eine
Feuerpause – jetzt, und mindestens fünf Tage lang! Jedes
Schulkind könnte sich ausrechnen, was bei einer Feuerpause von fünf Tagen erreicht werden könnte: Jeder Tag
bedeutet 2600 Einsätze. Das macht in fünf Tagen 13 000
Einsätze, und wenn Sie davon ausgehen, daß jeder Einsatz
auch nur zehn Tonnen Bomben über den Irak bedeutet,
haben Sie die unvorstellbare Summe von 130 000 Tonnen
Bomben, die *nicht* auf Menschen fallen. Ist das kein Gut,
für das in diesen Tagen zu kämpfen sich wirklich lohnt?

„Nein, keine Feuerpause am Golf! Keine Verhandlungen über den Waffenstillstand am Golf!" – das ist
amerikanische Politik seit Wochen. Damit wird weiterhin
das nackte Grauen über Menschen gebracht. Das sind die
Hörner des Stiers, das ist sein Nacken, das ist seine Stoß-
kraft. Aber was geht in ihm vor? Was denkt er sich in
seinem hörnerbewehrten Kopf?

100

Dieser Tage hörte ich einen deutschen Soldaten, der an einen Stützpunkt in die Türkei verlegt wird, sagen: „Ich habe ein unsicheres Gefühl, aber Dienst ist Dienst, und Schnaps ist Schnaps." Das ist die uralte Antwort der Landsknechtsmentalität. Nur kein Nachdenken! Weiter den Job nach Vorschrift! Man tut, was befohlen ist. Kannten wir das eigentlich nicht? Haben wir nicht vierzig Jahre lang darüber nachgedacht, daß genau diese Mentalität: „Befehle sind auszuführen, weil sie befohlen werden", und: „Die Verantwortung haben die anderen, ich bin nicht schuldig", vom Nürnberger Gericht bis heute vor dem Forum der Menschlichkeit als Ausrede nicht zugelassen ist?

Vielleicht trägt der Stier eine sehr empfindsame Seele in sich und gibt sich nur so klotzig, weil er mit den eigenen Gefühlen nicht zurechtkommt. In diesen Tagen wurde die Welt fast verstört durch die Möglichkeit eines Friedensangebotes: Rückzug aus Kuwait signalisierte der irakische Revolutionsrat um den Preis von Bedingungen. Die Antwort des amerikanischen Präsidenten war, es handele sich um einen „grausigen Scherz". Der bloße Vorschlag, sagen die Mitarbeiter, habe George Bush derart verärgert, daß er die sofortige Fortsetzung der Bombardements befohlen habe. Dies ist eine klare Antwort und ein starker Präsident. Man wird ihn verehren, genauso wie seinen obersten Stabschef Powell. Schon gilt dieser als einer der nächsten Präsidentschaftskandidaten. Er ist der Mann, der bereits vor Wochen die Parole ausgab, es sei ganz einfach, mit dem Irak fertig zu werden, es gehe nur darum, die rückwärtigen Verbindungen abzuschneiden und zu töten.

Seit der letzten Woche ist ganz Kuwait auf der Landkarte in Killing boxes, in Tötungspäckchen eingeteilt. Man wird die Bomben darauf programmieren, daß sie genau in jedes Areal hineinschlagen. Das kann noch

Wochen so weitergehen, wenn nicht die Öffentlichkeit dem ein Ende macht. Man kann nicht wochenlang als Riese einen Kleineren demontieren, ohne daß die Weltöffentlichkeit den Eindruck bekommt, man handele in einem Übermaß der Stärke und aus einem Übermaß der Feigheit. Doch die militärische Alternative zum Bombenkrieg wäre nur das weiter eskalierende Grauen, das Massenmorden von Menschen gegen Menschen am Boden, in noch viel größerer Zahl. Das ist der Krieg: Wenn er einmal begonnen hat, gibt es aus seiner Logik kein Entrinnen mehr. Ebendarin daber verzerren und deformieren sich alle Gedanken, die sonst bestimmt wären, auf Menschlichkeit hinauszulaufen. Es erscheinen die ungeheuerlichsten Dinge wie eine naheliegende Möglichkeit, eine wirklich vernünftige Erwägung.

Dieser Tage fiel mir das Buch des deutschen Professors Julius Maier in die Hände. Weihnachten 1924 hat er es mit einem Vorwort abgeschlossen. Er war Chemiker, und mit diesem Buch legte er eine Studie über den Gaskrieg vor, für den er seit Verdun eine merkwürdige Vorliebe hatte. Seine Auffassung war, daß ein solcher Krieg der Menschheit viel Leid ersparen könne, weil es womöglich doch besser sei, auf friedliche Weise durch Gelbkreuz einzuschlafen, als von Granaten zerfetzt zu werden. Die deutsche Industrie hatte ja schon auf den Schlachtfeldern von Verdun, im Gaskrieg, ihre Leistungsfähigkeit bewiesen. 1925, als dieses Buch erschien, war der Völkerbund am Ende seiner Möglichkeit, die Kriegsmittel und die Waffenproduktion zu begrenzen und in einem menschlichen Maß zu halten.

Noch immer wird von dem Vorwand Gebrauch gemacht, die neueste, noch bessere Waffengeneration erspare den Menschen Leid. Heute sind wir bei der Neutronenbombe angelangt. Ein Zyniker könnte geneigt sein, den Amerikanern einen rasch verlaufenden Krieg zu empfehlen: er wäre der schmerzloseste, vernünftigste, am meisten eindrucksvolle. Sie brauchten die Neutronenbomben nur so einzusetzen, daß mit Sicherheit alle Killing boxes in Kuwait leergeräumt wären. Es gäbe keine irakische Armee mehr, die Ölbohrstellen würden – zumindest von den Alliierten – nicht versehrt werden, man könnte, nach einem angemessenen Zeitraum, ein wirtschaftlich intaktes Land betreten. Und da kein Land der Welt außer den USA die Neutronenbombe besitzt, wäre dies ein Krieg ohne Gegenwehr und schon dadurch sehr human. Wäre es nicht an der Zeit, die Weltöffentlichkeit darauf einzustellen, daß sie gewisse Vorurteile gegen einen so vernünftigen Krieg endlich über Bord werfen muß? Was soll ein mörderischer Bodenkrieg in Kuwait, wenn alles viel einfacher, klinischer, sauberer gehen könnte? Her mit der Neutronenbombe!

Es gibt keinen Aberwitz, bis zu dem der Krieg nicht vordringt. Dies hat Clausewitz immerhin erkannt: daß der Krieg in sich selbst nicht die geringste Beschränkung enthält, daß er, ganz im Gegenteil, die Notwendigkeit in sich trägt, bis zum Äußersten zu gehen. Die einzige Beschränkung des Krieges könnte darin liegen, daß man ihn zeigt, wie er ist, und unser Gefühl Gelegenheit bekommt, darauf zu reagieren, indem es der Unmenschlichkeit, der Barbarei und dem Grauen mit einem klaren Nein widerspricht. Es ist dies aber wohl das einzige, was die Amerikaner aus dem Vietnamkrieg wirklich gelernt haben: Man darf die freie Berichterstattung, die Augen der Weltöffentlichkeit nicht zulassen. Man muß morden können, ohne daß es jemand sieht. Nur dann geht es „chirurgisch" präzise. Und es dürfen nicht einmal die eigenen Soldaten sehen, was sie da tun. Hätte man irgend jemandem gesagt: „Geh in einen irakischen Bunker in Bagdad, leg dein Maschinengewehr an und knalle alle Leute ab, die darin sind" – es gäbe in keiner Armee der Welt einen Soldaten, der dies tun würde. Und täte er es, wüßte jeder, daß er ein Krimineller ist, der sich nur durch Zufall in die Armee verlaufen hat, daß er als Massenmörder hinter Schloß und Riegel gehört. Aber wenn man mit genauestens programmierten, in Minutenabstand abgeworfenen Bomben den Ausgang eines Bunkers blockiert, seine Decke durchschlägt und sein Inneres in Flammen aufgehen läßt, dann ist das ein Meisterstück der Technik, ein Präzisionsangriff. Es ist aber, was es ist: das Morden von Menschen zu Hunderten. Der Krieger schließt die Augen und läßt Maschinen das erledigen, was er mit eigenen Händen nicht zu tun vermöchte. Das ist der Krieg: die Delegation der menschlichen Verantwortung an die Maschine. Aber die Wirklichkeit der Opfer bleibt dieselbe. Also kann man nur sagen: Schluß mit den Maschinen; denn *wir* sind verantwortlich. Es gibt keine „Waffensysteme" ohne Menschen, die sie konstruieren, programmieren, exekutieren lassen. Bei uns liegt es!

Infolgedessen wird man es leid, die halbherzigen Kommentare und die vollgültigen Entschuldigungen weiter mit anzuhören. Der Vorsitzende der Deutschen Bischofskonferenz gibt der *Welt* ein Interview, in dem er erklärt, man könne nichts machen, auch die Steuererhöhungen seien wohl nötig, um die 16 Milliarden für den Krieg am Golf aufzubringen. Ein CDU-Politiker erklärt uns, daß vermutlich 30 bis 40 Milliarden DM Kriegskosten auf uns zukommen. Dies ist ein Faß ohne Boden, und es wird mit Millionen Toten gefüllt. Weit mehr Menschenleben, als der Krieg im Irak und in Kuwait verschlingen wird, wird er die Hungernden in den Ländern der Dritten Welt kosten. Sie werden zu Millionen weiter sterben – genau des Geldes wegen, das wir nicht haben, nie gehabt haben und niemals haben werden. Soll das die Weisheit sein, für die Bischöfe geradestehen? Daß wir Geld nur haben können für den verlängerten Egoismus, daß für die Kampagne des Mordens kein Preis zu hoch ist, aber für die Verhinderung des Sterbens von Menschen am Hunger nie Geld, Phantasie, Arbeit zu erübrigen sind? Wir hören vom Bischof von Hildesheim, daß dieser Krieg nicht „gerecht" sei, es wohl aber um „gerechtfertigte Verteidigung" gehe. Merkwürdige Wortkunst das, die es fertigbekommt, etwas für gerechtfertigt zu nehmen, von dem man genau weiß, daß es nicht recht ist und sich nach den Prinzipien der Menschlichkeit nicht vertreten läßt. Vom Erzbischof von Paderborn hören wir, dieser Krieg sei ein Dilemma auf seiten der Politiker. Aber wie sind sie denn hineingekommen in dieses Dilemma?

Wenn wir die Gedanken zwischen den Stierhörnern ein bißchen genauer ansehen, die Mechanik der Kriegsvorbereitung und die Psychologie der Kriegsdurchführung betrachten, kommen wir auf merkwürdige Gesetzmäßigkeiten. Wir könnten leicht zwölf Teilnehmer dieser gottesdienstlichen Versammlung herausgreifen, sie in zwei Gruppen aufteilen und, sagen wir: fünf Stunden lang, getrennt übereinander und gegeneinander debattieren lassen. Wir würden herausfinden, daß gemäß den Gesetzen der Gruppendynamik jede Gruppe geneigt ist, ein gewisses Bild von sich selber, ein Autostereotyp, zu entwerfen, in dem sie selbst sehr vorteilhaft erscheint. Von der Nachbargruppe aber wird sie ein Bild entwerfen, das all die negativen Elemente ihrer selbst enthält. Diese Entwicklung in Konkurrenz und Kampf braucht nur ein paar Stunden anzudauern, und die jeweiligen Gruppenmitglieder werden verstehen, daß sich in ihnen alles Gute und in der Nachbargruppe alles Schlechte versammelt. Fängt man an, das wirklich ernsthaft zu glauben, wird der Krieg zuerst eine Möglichkeit und irgendwann dann sogar eine Pflicht. Genau das haben wir im Zeitraum des letzten halben Jahres erlebt. Es galt, sich die Option des Krieges offenzuhalten; heute hat die psychologische Nachrüstung ihn längst unausweichlich und zu einer sittlichen Pflicht zur Rettung der Welt von morgen gemacht. Die UNO hat ein Mandat gegeben, notfalls militärische Mittel einzusetzen, um Kuwait zu befreien. Davon sind wir weit entfernt. Wir hören heute, daß Saddam Hussein ein solcher Diktator, ein solcher Verbrecher ist, daß er samt seiner Maschinerie des Tötens für alle Zeit ausgeschaltet werden muß. Dies ist inzwischen das Hauptargument für diesen Krieg. Nicht die Befreiung Kuwaits, sondern die Beseitigung Saddam Husseins und all seiner militärischen Möglichkeiten ist inzwischen das Ziel, und wir glauben es. Auf diesem Wege sind Tausende von Toten nicht zuviel; denn es gilt, einem noch schrecklicheren Grauen zuvorzukommen: Saddam Hussein als einem zweiten Adolf Hitler.

Am 4. Februar schrieb Hans Magnus Enzensberger im *Spiegel*, daß in Saddam Hussein, wahlweise in anderen Diktatoren, sich ein Zustand der Todessehnsucht so personifizieren könne, daß er wie ansteckend auf ein ganzes Volk zu wirken vermöge. Es sei nicht mehr, wie sonst in der Diplomatie, das Ziel des Überlebens gesetzt, sondern möglichst viele in den Tod hineinzureißen und selbst als letzter in den Tod zu gehen. Wenn dies so wäre, hätte Freuds Theorie vom Todestrieb ihre Durchsetzung gefunden. Doch was könnte dann anderes aus solchen Überlegungen folgen, als daß auch heute noch ganze Völker in einen Zustand schwerster Psychopathie, eines Massenwahns, eines selbstzerstörerischen, masochistischen Hangs zum Selbstmord abdriften können? Dann aber müßte man den Begriff finden, der diesen Gefühlszustand definiert. Man müßte sagen: Ein solches Volk ist völlig *verzweifelt*. Kaum spricht man das aus, weiß man, daß ein Krieg keines der Probleme lösen wird, denen wir gegenüberstehen. Man müßte vielmehr alle Völkerpsychologie dafür aufwenden, um herauszufinden, welche Chancen es gibt, ein Volk, das den Mut zum Leben und den Willen zum Glück verloren hat, an der Hand zu nehmen und es hinüberzuführen zu seinem ursprünglichen Stolz, zu seiner Würde und es aufzurichten in dem Mut zu seinem eigenen Dasein.

Ich höre oft sagen, der Pazifismus habe kein Problem der Hitler-Ära lösen können. Mir scheint, daß Adolf Hitler uns erspart geblieben wäre, hätten die Nationen spätestens 1920 die Programme des damaligen amerikanischen Präsidenten Wilson ernst genommen, hätten sie nicht einfach einem einzelnen Volk die Schuld an allem, was geschah, aufgebürdet, sondern den Beschluß gefaßt, auf allen Seiten abzurüsten – Franzosen, Engländer, Amerikaner, Russen, Italiener, Österreicher, alle, ohne Ausnahme – und hätten sie dem deutschen Sechzigmillionenvolk die Schande erspart, als einziges abrüsten zu müssen. Der konsequent gehandhabte Pazifismus wäre ein sicherer Weg gewesen, den Faschismus zu verhindern. Einzig die Halbherzigkeit staut Konflikte auf, die am Ende wirklich kaum noch lösbar sind.

Wir aber müssen uns vor den Projektionen hüten, die schließlich wirklich den Krieg „heilig” sprechen. Vor drei Monaten galt, daß mit Saddam Hussein überhaupt keine Verhandlungen zu führen seien: „Er hat sich zu unterwerfen, oder es gibt Krieg.” Jetzt sind wir im Krieg, und wir hören, der Irak möge zu Verhandlungen vorschlagen, was er wolle, man werde nicht darüber reden. „*Wir* werden nicht darüber reden.”

Für die arabischen Massen ist es absolut plausibel, zwischen der UNO-Resolution 660 und der UNO-Resolution 242 eine Gleichgewichtigkeit herzustellen. In der Resolution 242 wurde Israel zur Räumung der besetzten Gebiete, insbesondere des Westjordanlandes, aufgefordert. Die

Araber verstehen nicht, wieso seit dem Jahre 1967 keinerlei Maßnahmen getroffen werden konnten, um diesen Beschluß durchzuführen, wieso aber bei dem Beschluß zur Räumung von Kuwait augenblicklich der erbarmungsloseste Krieg geführt werden muß.

Warum ist es kein vernünftiger Vorschlag, Kuwait zu räumen und die Westbank freizumachen für einen neuen Palästinenserstaat? Man macht sich Gedanken über die Ordnung, die nach diesem Krieg eintreten wird. Der amerikanische Präsident entwirft uns die Vision einer neuen Weltordnung und projiziert all das, was an guten Motiven sein schlechtes Gewissen durchzieht, in eine „Zukunft danach". Die Stufen zum Walhall dieser neuen Weltordnung mögen noch so blutbefleckt sein, irgendwann wird dieses Heiligtum des Friedens zu betreten sein.

Es läßt sich aber jetzt schon voraussagen: Die arabische Welt *nach* diesem Krieg wird in der gesamten Region von einem leidenschaftlichen Haß durchsetzt sein. Man wird wieder einmal gelernt haben, was es heißt, gedemütigt und ohnmächtig im Leiden zu sein. Haß und Rache werden die Gedanken bestimmen. Und man wird nicht ertragen, was wir schon nicht mehr verhindern können, weil wir es gar nicht verhindern wollen: den Plan des Staates Israel, in den nächsten drei Jahren in den besetzten Gebieten 40 000 Wohnungen einzurichten. Der Staat Israel hat ein Recht auf Anerkennung seiner Grenzen und auf ein Leben in Frieden. Aber worauf er kein Recht hat, ist das fortgesetzte Unrecht auf Kosten von Palästinensern. Wir Deutsche haben kein Recht dazu, in israelische Politik hineinzureden, das ist wahr! Wir haben jedes Mitspracherecht gegenüber dem Volk der Juden verloren. Aber wir dürfen und müssen sagen, daß Palästinenser nicht verpflichtet sind, die Schuld der Faschisten des „Dritten Reichs" zu tragen. Sie sind nicht verpflichtet, die Hypothek *unserer* Greueltaten zu übernehmen. Auch *sie* haben ein Recht auf Heimat!

Wenn es denn möglich sein soll, nach diesem Krieg in einer Nahost-Konferenz die Probleme der Region anzugehen und mutig zu lösen, warum, frage ich, ist das dann nicht jetzt und heute möglich? Warum war es nicht vor Ausrufung dieses Krieges möglich? Und wieviel Leid muß Menschen noch zugefügt werden, bis alle eines unbedingt wollen: den Frieden?

Man sagt, wir in Europa hätten genug Zeit gehabt, so viele Kriege zu führen, daß wir die Unsinnigkeit dieses Vorgehens begreifen konnten. Wenn das so ist, dann sollten wir auch begreifen, daß es keine guten Gründe mehr gibt für eine Politik, die den Krieg nicht absolut ausschließt. Es wäre das Gebot der Stunde, sittlich, moralisch, religiös zu fordern: Beendet den Krieg! Er darf nicht sein, solange ein Gott im Himmel ist als Vater aller Menschen.

Und dann gibt es keine Entschuldigung, kein gerechtfertigtes Reden von Dilemma. Dieselbe Kirche, die einer Frau, die nicht ein noch aus weiß, ins Gewissen redet, daß sie nicht töten darf, hat bei einiger Logik ihrer Prinzipien die verdammte Pflicht, den Staatsmännern zu sagen, daß sie kein Recht besitzen, zur Erreichung irgendeines Ziels Frauen und Kinder zu töten. Zur Erreichung *keines* Ziels gibt es dafür ein Recht. Es gibt auch kein Recht dazu, die Untätigkeit aus vierzig Jahren verfehlter Nahost-Politik zu einem Dilemma zu stilisieren, das nur einen Ausweg kennt: den Krieg. Es ist nein dazu zu sagen. Und zu dem Preis, der uns Deutschen abverlangt wird, genauso eindeutig: nein. Möge man eine Steuer zugunsten der Humanität einführen, um den Regenwald zu schonen, die Sahelzone zu tränken, die Not in den Ländern der Dritten Welt zu bekämpfen, das Bevölkerungswachstum zu kontrollieren – für all dies: ja. Für den Krieg: nein.

Man hat, als der Vietnamkrieg zu Ende ging, geglaubt, man könne den Frieden für möglich erklären. Lothar Zenetti schrieb damals sinngemäß: „Noch jeder Krieg begann mit großen Worten, mit Aufrufen und Appellen: Zu den Waffen, Männer, der Feind steht im Land. Erhebt euch, schlagt ihn, wo ihr ihn trefft! Ausrufungszeichen hinter jedem Satz! Sagt selbst: Hat das nicht immer gewirkt? Das Spiel konnte beginnen, das Hurra-Spiel, das Heldenspiel, das Stirb-oder-töte-Spiel. Ein böses Spiel. Nun rate ich euch, es einmal statt dessen anders zu versuchen: Macht ein Fragezeichen hinter jeden Satz. Zu den Waffen, Leute? Doch weshalb, was sollen wir dort? Der Feind steht im Land? Na und? Erhebt euch? Wozu? Wir sitzen gerade so schön. Gewonnen hat, wer der Menschheit beim Überleben hilft. Zum Beispiel indem er Fragen stellt. Ja, dies vor allem. Was meint ihr, Freunde? Vielleicht ist der Weg zum Frieden wirklich mit Fragezeichen gepflastert ..."

Ich möchte, daß er vorangetrieben wird mit einem Ausrufezeichen, das lautet: Nie wieder Krieg! Es ist das einzige, was wir lernen müssen, was wir den Politikern entgegenhalten müssen, was wir unseren Bischöfen beibringen müssen, was wir der Öffentlichkeit einhämmern müssen: Nie wieder Krieg! Wenn die Menschen auf diesem Planeten sollen zusammenleben können, müssen wir diesen Satz lernen. Die Gelegenheit dazu haben wir jetzt. Lassen wir sie nicht verstreichen!

Amen.

NIE WIEDER KRIEG

24.2.1991

Liebe Bürgerinnen und Bürger, liebe Freundinnen und Freunde des Friedens!

Gestern nachmittag um 18 Uhr wurden wir zu Zeugen eines erbarmungslosen Spiels um Tausende von Menschen: Nach der Dramaturgie eines Wildwest-Films arrangierte der amerikanische Präsident sein „High noon" – die ultimative Forderung zur Freigabe des Schlachtens am Boden.

Tagelang haben wir an den Radios und Fernsehgeräten gezittert, ob dem Frieden eine Chance gegeben würde. Sie sollte ihm nicht gegeben werden. Deswegen wehren wir uns heute abend als erstes gegen die einsetzende Propagandalüge: Die Schuld am Ausbruch der Kampfhandlungen am Boden liege einseitig bei Saddam Hussein und in Bagdad. Das wissen wir besser.

Noch in der vergangenen Woche, als uns die Bilder des Grauens aus dem Bunker in Bagdad gezeigt wurden, die Opfer des Bombardements, das mit einem Schlag über 500 Menschen das Leben kostete, hieß es aus aller Munde: Der Friede könne unmittelbar beginnen, es brauche nur ein einziges Wort, und das heiße: „We go". Seit drei Tagen lag in Moskau und in Bagdad der Schlüssel zum Frieden auf dem Tisch. Wir aber haben erleben müssen, daß die bloße Möglichkeit zu Friedensverhandlungen oder zumindest für einen Waffenstillstand niemanden mehr irritiert hat als die US-Administration. Die Friedenstaube war ihr lästig und hinderlich.

Also ist es eine Lüge, wenn der Bundeskanzler heute abend erklärt, „unverrückbar und solidarisch an der Seite

111

der Vereinigten Staaten zu stehen", weil die Bodenkämpfe „unvermeidbar" gewesen seien und die Schuld
für alles, was jetzt geschehe, einzig der „Diktator von Bagdad" trage.

Der Sprecher des sowjetischen Außenministeriums,
Wassilyj Tschurkin, hat vor zwei Stunden noch mit Bedauern festgestellt: „Es hat eine echte Chance zum Frieden
gegeben." Warum hat man diese echte Chance nicht
genutzt?! Warum muß man pokern mit dem Leben von
Tausenden von Menschen?! Dieses „Spiel" haben wir
nicht sehen wollen: Wir haben wochenlang hier gestanden
und gesagt: Hört auf, um Menschenleben zu pokern! Jetzt
sehen wir, daß nur das unvermeidbar ist, was man überhaupt nicht vermeiden *wollte*. Ich zitiere Richard Cheney,
den Verteidigungs- oder besser gesagt: von heute abend
an Kriegsminister der Vereinigten Staaten: „Der Ausbruch der Kampfhandlungen war seit langem für diesen
Zeitpunkt geplant. Lediglich das Wetter hätte ihn noch
ändern können." Dieses Ultimatum sollte überhaupt kein
Ultimatum sein, sondern lediglich das Alibi, sich die
Hände im Blute des Gegners reinwaschen zu können.

Dies, was wir hier erleben, ist die blanke Propagandalüge. Unvermeidbar ist die Einleitung dieses Krieges aus
der Luft und unvermeidbar der Krieg am Boden, weil man
nicht mit letzter Konsequenz hat sehen wollen, daß der
Krieg nichts ist als das nackte Grauen. Es wird sich in diesen Stunden zeigen, wie richtig die deutsche Sprache ist,
wenn sie das Geschehen einer Landschlacht genau so
benennt, wie man es sich vorstellen und denken muß – das
tausendfache Schlachten von Menschen wie Bestien. Entsprechend folgt bereits die Sprachregelung in den
Rundfunkanstalten: Da werden die Erdölquellen in
Kuwait in Brand gesteckt von den „Schergen Saddam
Husseins". Die 500 000 irakischen Soldaten in Kuwait

112

und Irak sind fortan keine Soldaten, sondern „Schergen", Exekuteure des Verbrechens, und also verdienen sie keine Rücksicht.

George Bush hat diesen Krieg begonnen mit dem Versprechen, nach seinem Ende werde sich eine neue Ordnung der Welt gestalten. Wir fragen, wo denn, außer in seinem Kopf, diese neue Ordnung sichtbar werden soll. Es ist möglich, daß er diesen Krieg gewinnt, vielleicht schon in drei Tagen, spätestens, wie gerade in Israel verlautet, in zwei bis drei Wochen. Aber er hat die Menschlichkeit und in Folge davon die Friedensfähigkeit im Nahen Osten auf lange Zeit verspielt. Die Zerstörung des Irak ist durch kein UN-Mandat gedeckt. Wir mußten aber vor fünf Tagen schon hören, das Problem sei gar nicht Kuwait, sondern Saddam Hussein, und die jetzige Regierung im Irak gelte es zu zerstören. Mit welchem Recht benutzt man das Verbrechen der Annexion von Kuwait zur Ausdehnung amerikanischer Machtinteressen im Nahen Osten?

Wir lesen inzwischen in der *Frankfurter Allgemeinen Zeitung,* daß im Schatten der Schlacht am Boden längst ein ganz anderer Krieg tobt: derjenige um die Auftragsvergabe für den Wiederaufbau Kuwaits. Gegeneinander stehen Franzosen, Briten und Amerikaner in der Konkurrenz um den Auftrag, die Schäden wiedergutzumachen, die sie gerade anrichten. Sie verdienen am Krieg, sie verdienen an der Korrektur der Kriegsfolgen, sie sind immer die Gewinner – scheinbar. Menschlich aber sind sie die Verlierer. Dies sagen wir jetzt, und das werden wir nicht aufhören zu sagen: Wer den Krieg braucht, um Sieger zu sein, entwürdigt sich als Mensch! Das müssen wir lernen, und das zu lehren werden wir nicht aufhören!

Die politischen Folgen in der Region sind unabsehbar. Schon debattiert man im Kreis um Turgut Özal, ob nach der Zerschlagung des Irak nicht auch Kirkuk und Mossul wieder zu Türkei gehören sollen, wie ehedem schon: die reichsten Erdölfelder in den Händen der Militärdiktatur in der Türkei. Man diskutiert in Teheran über die Vormachtstellung Persiens am Golf. Man erlebt bereits jetzt, wie der Syrer Assad dabei ist, in einem Plan von Großsyrien sich den Libanon einzuverleiben. Möglich ist, daß König Hussein von Jordanien diesen Krieg auf dem bebenden Boden der hauptsächlich palästinensischen Bevölkerung seines haschemitischen Königreichs nicht überlebt. Es läge in einem Plan von Großsyrien, auch Jordanien zu annektieren. Sollen die Machtverschiebungen im Nahen Osten dafür herhalten, den Diktatfrieden der Amerikaner in der ganzen Region zu legitimieren? Will man, daß die Amerikaner, allein schon um das anachronistische, mittelalterliche System von Saudi-Arabien zu stützen, in der Region auf Jahrzehnte unverzichtbar und also die Herren von dem bleiben, worum es ihnen in diesem Krieg wirklich ging: Geld, Macht und Öl?

Diese neue Weltordnung, so müssen wir George Bush sagen, ist keine *neue* Ordnung, sondern die *allerälteste,* die barbarischste, die wir kennen: die Diktatur des Gruppenegoismus für eigene Zwecke. Daß wir uns moralisch in die Steinzeit zurückbombardieren, bedeutet nicht, eine neue Ordnung zu etablieren, sondern lediglich die allerälteste in unseren Herzen auszudehnen. Deswegen bestreiten wir, daß die Lektion dieser Stunde heißen solle und könne, es sei möglich, ohne Widerspruch und ohne Schaden für das eigene Ansehen mit Menschen derartig zu spielen, wie man es getan hat, und zur Erreichung seiner Zwecke über Tausende von Toten hinwegzugehen. Am Ende des 20. Jahrhunderts ist der Krieg kein Instrument der Politik mehr! Wenn der amerikanische Präsident ihn dafür ausgibt, irrt er sich in der moralischen Widerstandskraft der westlichen Bevölkerung.

Wenn unsere Politiker, wenn Helmut Kohl und Hans-Dietrich Genscher dieser Art von Politik nicht widersprechen können und möchten aus lauter Angst, das Ansehen bei ihren eigenen Verbündeten zu verlieren, dann werden wir ihnen von unten her den Mut machen, der dazu gehört, den eigenen Verbündeten gegenüber nein zu sagen in den Punkten, die die Menschlichkeit verletzen.

Genauso an die Adresse der Kirchen: Es ist aberwitzig, heute morgen hier in der Kaiserpfalz unter Gestalt des Friedrich von Spee einen Mann zu ehren, der im Schatten dieser Marktkirche eingetreten ist gegen den Wahnsinn der Menschentötung im Namen Gottes, und das tausendfache Töten im Namen Gottes unerwähnt zu lassen, ob auf arabischer oder amerikanischer Seite.

Dies ist der Wahnsinn: man könne Recht schaffen durch das brutale Morden von Tausenden von Menschen. Heute schon hören wir, 20 000 Tote seien der Schätzwert, 60 000 der Schätzwert der Verwundeten. Im Bodenkrieg werden viele tausend weitere Menschen in den Tod hineingezogen werden. Wir hören als einziges in Vorbereitung darauf Herrn Schwarzkopf sagen, die eigenen Verluste seien erstaunlich gering gewesen. Wie denn nicht? Vermutlich wußten die Iraker wirklich nicht, welch eine Feuerwalze auf ihre Stellungen losrücken würde. Man hat uns vor Wochen ausgelacht, als ich sagte: „Die Amerikaner werden Napalm einsetzen." – „Das ist eine Lüge", hieß es. Seit zwei Tagen wissen wir: sie setzen Napalm ein! Seit 1949 ist der Einsatz von Dum-Dum-Geschossen und Napalm durch die Genfer Konvention völkerrechtlich geächtet. Das Internationale Rote Kreuz ruft in dieser Stunde auf, sich im Umgang mit Kriegsgefangenen und beim Einsatz von Kriegsmitteln an die Genfer Konvention zu halten. Benzinbomben sind kein Teil des Völkerrechts, Napalm, bei einer Zündtemperatur von 2000 Grad nicht löschbar, ist nicht Teil des Völkerrechts, Raketenwerfer mit 600 Sprengköpfen, die ein Gebiet groß wie ein Fußballfeld „bestreichen", sind kein Teil des Völkerrechts. All das ist noch der konventionell geführte Krieg.

Es ist die Logik der Steinzeit, lediglich die eigene Gruppe zu schützen, damit ihr nichts zustößt, mag auf der Gegenseite geschehen, was will. Soeben noch in den 17-Uhr-Nachrichten sagte ein britischer Bomberpilot: „Ich möchte in meinem ganzen Leben an meinem eigenen Leib nicht mitkriegen, was jetzt in Kuwait geschieht. Es ist die Hölle!" Was sind das denn für Menschen, die Menschen die Hölle bereiten, indem sie sagen, „da drüben" herrsche der Satan? Selbst wenn drüben der Satan herrscht, haben *wir* kein Recht zu jeder Art von Satanei! Selbst wenn wir erleben, wie ein irakischer Diktator mit Menschenleben gräßlich und grausam spielt, sollten wir unseren Ehrgeiz nicht darein setzen, ihn darin zu übertreffen oder wenigstens es ihm gleichzutun. Die Mittel des Saddam Hussein haben nicht unsere eigenen Mittel zu sein! Wofür leben wir im Abendland?!

Dann aber bitte ich um Konsequenz in den Kirchen, in den Schulen, in allen Erziehungseinrichtungen und Institutionen unserer Gesellschaft. An dem Tage, da wir Friedrich von Spees gedenken, sollten wir begreifen, daß viel schlimmer als die Dämonen der Boshaftigkeit die Dämonie unseres eigenen Über-Ichs ist, das uns aneifert, für fiktive Ideale alles recht zu finden, was dem Stern unserer eigenen maßgeblichen Ziele dienen könnte. Es gibt keinen anderen Weg zum Frieden als den Frieden! Und wir wehren uns mit George Orwell gegen die Logik des Großen Bruders, der durch die Lautsprecher verkünden läßt, der Krieg sei der Friede! Er ist es nicht! Es genügt auch nicht, wenn wir den Papst beim Angelusbeten sagen hören, daß er entsetzt sei, wie leicht die Menschheit in den Krieg hineinsteuere. Es ist nötig, eine klare und parteiische Sprache zu reden. Es hätte gestern, vorgestern noch Zeit gegeben, das Massaker in Kuwait und in Irak zu verhindern, wenn man es gewollt hätte. Das ist das Problem, daß wir an der Spitze der westlichen Führungsmacht einen Mann haben, für den der Krieg die Möglichkeit des Handelns darstellt. Dies wollen wir in aller Zukunft nicht mehr!

Als Religionslehrer und Priester bin ich es leid, den Zwölfjährigen beibringen zu sollen, wie groß der heilige Franziskus war. Von ihm überliefert die Legende, daß er den Wolf von Gubbio anredete: „Bruder Wolf – nur aus Hunger hast du in den Herden der Hirten geraubt und gemordet, Bruder Wolf." Wir nennen den heiligen Franziskus groß, weil man ihm den Sieg der Sanftmut über die Grausamkeit zutrauen konnte. Das erzählen wir Zwölfjährigen. Aber kaum sind sie achtzehn Jahre alt, da bringen wir ihnen bei, daß man töten muß, um den Frieden zu sichern. Es ist eine aberwitzige Logik! Es ist eine durch die Geschichte tausendmal widerlegte Logik! Wir wollen nicht, daß man Achtzehnjährigen erklärt, in der Wahl „du oder ich" könne die Formel nur lauten: „ich!" und am meisten sei derjenige im Recht, der das Töten am besten perfektioniert habe, der die gräßlichsten Waffen besitze, und schon weil er sie besitze, habe er infolge seiner Macht das Recht auf seiner Seite, auch das Recht, die Geschichte zu schreiben, wie es ihm beliebe.

Man kann sagen, daß die Amerikaner im Nahen Osten für Jahrzehnte moralisch unglaubwürdig sind und man sich ihnen allenfalls beugen wird, mit den Zähnen knirschend und in einen Widerstand eintretend, der an den Grenzen Israels nicht enden wird.

Ich höre aus dem Munde von Regierungssprechern in Jerusalem, daß man über den Beginn der Bodenkämpfe erleichtert sei, denn jetzt wisse man, daß das irakische

Regime vernichtet werde. Es ist ein Trugschluß. Für die arabische Welt ist dieser Krieg nichts weiter als ein Meilenstein in mehr als vier Jahrzehnten Krieg. Es gibt keine andere Sicherheit als den Frieden, und der bedeutet im Nahen Osten: Anerkennung der legitimen Rechte der Palästinenser auf einen eigenen Staat. Er bedeutet Anerkennung der legitimen Rechte der Kurden auf einen eigenen Staat. Es ist absurd, daß ein Volk von zwanzig Millionen Menschen und mit einer jahrtausendealten Kultur von der Türkei, vom Iran und vom Irak gehindert werden soll, zu erlangen, wonach es sich sehnt: eine eigene Sprache sprechen zu dürfen, seine eigene Tradition aus dem Erbe der gewachsenen Kultur seiner Väter in die Geschichte weitertragen zu können; es ist widernatürlich, und daß eine kurdische Mutter ihr eigenes Kind nicht in der Muttersprache das Leben lehren darf. Niemand hat das Recht, Palästinensern den Boden und Kurden ihre Identität zu verweigern. Beides zu sichern, *das* wäre eine wirklich neue Ordnung im Nahen Osten.

Vor allem aber müssen wir begreifen, daß die Gruppengesetze aus den Jahrhunderttausenden, da die Menschen noch Jäger und Sammler waren, im 20. Jahrhundert nicht mehr legitim sind, weil sie im Kern den Frieden unmöglich machen. Diese Gesetze lauten: „Achte und anerkenne einzig deine eigene Gruppe, deinen eigenen Staat, deine eigene Nation. Und der auf der Gegenseite hört auf, ein Mensch zu sein! Er kann verbrannt, erschossen, unter Panzerketten zermalmt werden. Es ist gleich, was ihm passiert, wenn er nur krepiert und keinen von deiner Truppe erschießt." Dies ist keine Logik zwischen Menschen! Dies ist die blanke Zerstörung des humanen Zusammenhangs aller Menschen!

Als Theologe aber sage ich, daß ich kaum etwas Gotteslästerlicheres gehört habe als in der Rede von George

Bush zur Erläuterung der Eröffnung des Bodenkriegs am Golf: Er beendete seine Erklärung mit der Aufforderung an die amerikanische Nation: „Wir wollen zu Gott für unsere Soldaten beten." Gott ist kein Gott der Amerikaner oder der Iraker oder irgendeines Teilvolkes unter den Menschen! Ein solcher Gott wäre nichts weiter als der Götze des Nationalegoismus, und dahin läßt er sich nicht verkommen!

Wenn denn Gebete sind, die gottgefällig werden können, dann müßten sie all den Frauen und Kindern in Bagdad, in Basra, in Kuwait unter dem erbarmungslosen Bombardement von vier Wochen gelten. Wann betet der amerikanische Präsident für die Opfer seiner eigenen Politik?

Alles, was wir hier sagen können, hat fast schon den Wert eines Nachrufes, eines Epilogs, oder einer Totenrede, eines Nekrologs. Aber es ist nicht überflüssig, was wir hier tun. Wir sind dabei, zu verhindern, daß sich in den Köpfen von morgen die Meinung festsetzt, der Einsatz der Barbarei und Brutalität und Gewalt sei zu rechtfertigen, er sei unausweichlich und unvermeidlich. Wir sagen: Bietet eure Phantasie auf, um ihn zu vermeiden! Es hat Hunderte von Ausreden gegeben, hier stehend haben wir sie aufgezählt. Vom 15. Januar an, Tag für Tag, haben wir gesagt: „Dies wären die Wege, den Krieg zu vermeiden; dies wären die Wege, ihn zu beenden; dies wären die Wege, das Feuer zu stoppen." All diese Wege sollten nicht sein, weil der Krieg nach Plan geführt wurde. Alles lief sechs Wochen lang nach Plan. Dieser Plan für eine Hölle ist der Plan des Teufels – nicht des Friedens!

Wenn es aber einen Gott im Himmel gibt, dann wird er in diesen Tagen sehr offene Ohren haben für den Ruf des Leids, für den Schrei der Schmerzen und für das Flehen des Mitleids.

An den Wänden der maurischen Alhambra in Granada finden wir allüberall den Satz, der wie eine Hoffnung sein möchte jenseits der Schlachten und des Schlachtens: *Wala ghaliba illallah* – es gibt nur einen Sieger: Gott! Wenn es *ihn* als Sieger gibt, ist er ein Gott des Friedens.

An die Adresse des Saddam Hussein zitiere ich die 5. Sure des Korans: „Wer eines Menschen Leben nimmt, der ist wie einer, der aller Menschen Leben nimmt. Wer aber eines Menschen Leben rettet, der ist wie einer, der aller Menschen Leben rettet." So steht es im Koran, und nicht, daß man über eigene Glaubensgenossen willkürlich Krieg verhängen soll.

An die Adresse von George Bush gewandt aber muß und möchte ich erinnern an das biblische Wort, das man ihn gelehrt hat, als er noch ein Kind war: „Laß dich nicht vom Bösen besiegen, sondern besiege das Böse durch das Gute" (Röm 12, 21).

Kriege wären vermeidbar, würde damit Ernst gemacht.

DER FRIEDE IST KEIN ZIEL,
ER IST EIN WEG

28. 2. 1991

Seit heute morgen sechs Uhr schweigen die Waffen am Golf. Der amerikanische Präsident hatte in dieser Nacht die Freude, berichten zu können, daß alle militärischen Ziele genau hundert Stunden nach dem Beginn der Bodenoffensive erreicht seien, und er dankte den tapferen Soldaten, er ließ für sie beten, und er schloß mit den Worten: „Gott segne unsere Nation." Und schon zeigt man uns jubelnde Kuwaitis und Kinder mit Spruchbändern in den Händen: „We thank you, Mr. Bush."

Wir danken dem amerikanischen Präsidenten nicht. Wir fänden es schlimm, wenn aus diesem Krieg nur wieder einmal gelernt würde, daß man „Geschichte" offenbar nur mit einer Politik der Härte und der Stärke machen kann. Was denn hat man erreicht? Zugegeben, auf amerikanischer Seite sind die „Verluste" weit geringer geblieben, als zu befürchten stand: „Nur" 79 amerikanische Soldaten mußten seit Beginn des Golfkrieges ihr Leben lassen, davon 28 seit Beginn der Bodenoffensive vor vier Tagen. Aber: konnte man das vorher wissen? Es wurde kein Giftgas eingesetzt, keine biologischen „Waffen" (!) wurden verwendet, aber es wäre möglich gewesen, und was dann? Hier wurde mit Menschenleben gespielt, tagelang, wochenlang, und wir mußten es ansehen, ohne etwas dagegen tun zu können. Ebendeswegen werden und wollen wir alles tun, daß diese Art des Denkens, daß dieser Zynismus der Macht im Umgang mit Menschen, sogar den eigenen, sich niemals mehr wiederholt. Niemals mehr darf der Krieg als eine politische „Option" gehandelt werden. Er ist immer eine menschliche, zumeist auch eine politische Katastrophe. Er darf niemals mehr sein.

Denn vor allem gibt es eine Kehrseite: die Verluste des Gegners. Ihrer gedenkt George Bush bis heute mit keinem Wort. Man präsentiert uns stolze Erfolgszahlen: Das US-Oberkommando teilt mit, seit dem Beginn der Bodenoffensive seien 29 irakische Divisionen mit rund 260 000 Mann „ausgeschaltet" worden. Wie schaltet man 260 000 Mann aus? Wie viele Tote, wie viele Verwundete, wie viele, die unversorgt unter furchtbaren Schmerzen im Niemandsland verenden? Wir werden es niemals wissen, wir brauchen es offenbar nicht zu wissen, es ist uns egal. Es ist uns egal? Was eigentlich glaubt der amerikanische Präsident der Welt für ein „Signal" geben zu können? Was ist das für eine neue Weltordnung, für die ihm all das Grauen notwendig schien? Noch wenige Stunden vor dem Beginn der Bodenoffensive am vergangenen Samstag gab es eindeutige Signale aus Bagdad, die Iraker würden sich aus Kuwait zurückziehen. Schon zu diesem Zeitpunkt schätzte man die Zahl der Opfer auf irakischer Seite auf etwa 20 000 Tote und 60 000 Verwundete. Doch George Bush brauchte seinen Bodenkrieg, die Erfüllung seines „Fahrplans". „Hier hat", erklärte der Sprecher des sowjetischen Außenministeriums, „der militärische Instinkt über die Diplomatie gesiegt." So war es. Man hatte die „Ratte" in der Hand, und jetzt wollte man sie auch zerquetschen. Man ließ noch bis gestern nacht Bagdad bombardieren. Wofür?

Manchmal, bei einem Spaziergang durch die Senne oder in der Lüneburger Heide, ziehen mich die Soldatenfriedhöfe aus dem Zweiten Weltkrieg an, und immer wieder bin ich erschrocken, die vielen Gräber von 20jährigen zu sehen, die wenige Wochen oder Tage vor Kriegsende getötet wurden. Mein eigenes Heimatdorf, Bergkamen, wurde noch im Februar 1945 von den Bombern

122

der Alliierten unter Großangriffen dem Erdboden gleichgemacht – ein Dorf mit 6000 Einwohnern, sechs Wochen vor der endgültigen Kapitulation. Am gestrigen Tage hatte Bagdad bereits kapituliert, die Truppen befanden sich auf dem Rückzug bzw., wie General Schwarzkopf sich ausdrückte, in „heilloser Flucht" nach Norden; es war der amerikanische Präsident, der unbedingt westlich von Basra die größte Panzerschlacht seit dem Zweiten Weltkrieg inszenieren mußte: 250 amerikanische Panzer gegen 200 Panzer der Iraker. Schon am Mittwoch dieser Woche hatte es geklappt, da hatte man westlich der kuwaitischen Grenze eine Panzerdivision der Republikanischen Garde „zerstören" können. Jeder zerstörte Panzer, das sind drei bis vier Menschen, die bei lebendigem Leibe in ihrem Tank verbrennen wie in einem glühenden Ofen. Aber: es ist Grund, stolz zu sein auf die tapferen amerikanischen Soldaten. Sie haben mehr als 3000 irakische Panzer, 1857 Schützenpanzer und 2140 Artilleriegeschütze erbeutet oder vernichtet. Wann endlich wird man aufhören, Siege dieser Art zu „feiern"? Wann endlich wird man sie erleben als das, was sie sind: als Niederlagen der Menschlichkeit, als Reflexe eines bloßen Macht- und Killerinstinktes, als das Ende des menschlichen Gefühls vor der mundverbiegenden Einseitigkeit eines nur in der linken Hirnhälfte funktionierenden Denkens?

Jeder wird es in diesen Tagen begriffen haben, trotz aller in den Medien nachgeschobenen „vernünftigen" Erklärungen: Dieser Massenmord an weiteren Tausenden von Menschen war absolut unnötig. Er war in keiner Weise gedeckt durch die UNO-Resolutionen 660 bis 678. Da wurde und wird immer noch die „Völkergemeinschaft" beschworen, um das Vorgehen der Amerikaner zu rechtfertigen. Aber schon das haben die USA geschafft: sie haben bewiesen, daß die UNO, daß der Weltsicherheitsrat in den entscheidenden Augenblicken vollkommen stumm bleibt, ein ohnmächtiger Zuschauer, der am letzten Samstag noch nicht einmal zeitlich imstande war, der Highnoon-Politik des amerikanischen Präsidenten Paroli zu bieten. Die „Völkergemeinschaft" soll offenbar nach dem Zusammenbruch der Sowjetunion tanzen nach dem Willen der USA als der Ordnungsmacht Nummer Eins – *das* ist allem Anschein nach die neue Weltordnung, die George Bush uns versprach. Die UNO-Resolution als eine Art Ermächtigungsgesetz, um die Infrastruktur des Irak zu zerstören, das Land gänzlich zu entwaffnen, Saddam Hussein durch die Fortsetzung des Handelsembargos und mit Hilfe enormer Reparationsforderungen zu stürzen und sich in der Region beim Wiederaufbau der zerstörten Gebiete unentbehrlich zu machen – sind das die Ziele, die das Töten von Tausenden von Menschen rechtfertigen? Hier geht es nicht mehr um Moral. Hier ist die Moral nichts weiter als ein Propagandamittel der Machtausübung und -erweiterung.

Gewiß, Kuwait wurde befreit, aber um welchen Preis? Es hätte Mittel gegeben, das kleine Land auch ohne Krieg den Händen Saddam Husseins zu entwinden. Es hätte noch in der letzten Woche die Chance gegeben, das Schlimmste zu verhüten. Das einst blühende Land, Kuwait-Stadt selber ist ein Trümmerhaufen, 650 von 900 Ölquellen stehen in Brand, es wird, so schätzt man, fast ein Jahr dauern, ehe mit einer geordneten Produktion wieder begonnen werden kann. Die materiellen Schäden liegen bei 100 Milliarden Dollar. Hundert Milliarden – das ist offenbar die magische Zahl für all die Ereignisse am Golf: sie wurde schon genannt als Preis für den Aufmarsch, sie wird taxiert als Summe der Kosten des Krieges, sie gilt jetzt als die Höhe der Schäden in Kuwait, und vom Irak ist noch gar keine Rede. Was alles ließe sich machen mit 3 bis 5 mal 100 Milliarden Dollar! Wir werden sie niemals haben im Kampf gegen den Hunger, die Überbevölkerung, das Sterben der tropischen Regenwälder – mein Gott, wie groß könnte George Bush sein, wenn er sich nicht alle Mühe gegeben hätte, Saddam Hussein besiegen zu wollen mit nichts anderem als – Saddam Hussein!

Aber Saddam Hussein ist ein zweiter Hitler!? Saddam Hussein ist weit eher ein zweiter Stalin als ein zweiter Adolf Hitler – schließlich war er im Krieg gegen Iran acht Jahre lang, wie Stalin nach dem Pacht- und Leihgesetz der USA 1942, ein Hauptempfänger amerikanischer Waffenlieferungen, ehe er zum Gegner der westlichen Führungsmacht wurde. Und es ist nicht wahr, daß nur „der Diktator in Bagdad" an allem die Schuld trägt.

Es ist ein bitteres Unrecht, das wir den Arabern zufügen, wenn wir sie in die Nähe des deutschen Faschismus rücken. Wir Deutsche haben im „Dritten Reich" sechs Millionen europäische Mitbürger, nur weil sie Juden waren, getötet. Für die Araber ist dieser unsinnige Golfkrieg nur eine weitere Etappe in dem vierzig Jahre alten Kampf gegen Israel. Nichts hat sich daran geändert, solange nicht Israel zur Erfüllung der UNO-Resolution 242 zum Rückzug aus (den) besetzten Gebieten des Sechs-Tage-Krieges von 1967 gezwungen wird. Wollen wir auch jetzt noch ungerührt fortfahren, die arabischen Massen „fanatisiert" zu nennen und sie zu beschimpfen als „kriminell wie Adolf Hitler"? Sie verlangen zu Recht eine Heimat für die Palästinenser. Auch die Kinder Ismaels sind Nachkommen Abrahams.

Dieser Tage fragte mich eine Lehrerin, ob ich denn die Bilder von Auschwitz nicht kenne, ob ich nicht wisse, daß mit Leuten wie Hitler oder Saddam keine Verhandlungen möglich seien. O ja, ich kenne die Bilder von Auschwitz.

Als ich 17 Jahre alt war – soeben wurde die Bundeswehr aufgebaut – besorgte ich mir eine Lizenz zur Vorführung von Schmalfilmen. Ich weiß nicht, wie oft in wie vielen Gruppen ich damals Alain Resnais' Film „Nacht und Nebel" gezeigt habe; es ist der erschütterndste Film über die Judenpogrome, der je gedreht wurde. Der französische Filmregisseur drehte aber auch (nach dem Drehbuch der Marguerite Duras) den Film „Hiroshima mon amour" – die Geschichte einer Frau aus Nevers, die man am Tag der Befreiung 1945 ihrer Liebe zu einem Deutschen wegen als Soldatenhure beschimpft und entehrt hatte. Alle Glocken der Stadt läuteten am Tag der Befreiung, sie selbst aber lag einen Tag und eine Nacht lang an der Seite ihres getöteten Geliebten. Um einen „Werbefilm" gegen den Krieg zu machen, hält sie sich in Hiroshima auf. Sie hat all die Ausstellungen, die Bilder des Grauens gesehen: 10 000 Grad auf dem Platz der Sonne . . . „Du hast nichts gesehen in Hiroshima", sagt immer wieder ihr japanischer Freund. Das wirkliche Leid des Krieges kann niemand sehen. Es zerstört Menschen für den Rest ihres Lebens. Aber, so sagt Resnais' Film: „Wir müssen uns erinnern, sonst wird alles wiederkommen."

Darum darf es nicht sein, daß die Antwort auf Auschwitz lauten soll: Hiroshima. Und die Antwort auf Kuwait: Bagdad brennt. Und die Antwort auf Saddam Hussein: nur immer wieder – Saddam Hussein. Die einzige Chance der Zukunft ist der Friede. Der Friede aber ist kein Ziel, er ist ein Weg. Und wer nicht mit ihm beginnt, der wird niemals bei ihm ankommen. Statt der tapferen Soldaten segne Gott uns alle. Der Friede, meint Hugo Ernst Käufer, ist ein Weg der „kleinen Schritte":

„So einfach / ist der Frieden: / das Bett / zum Ausruhen / die Liebe / um nicht / allein zu sein / das Brot /

um satt zu werden / der Arbeitsplatz / um teilzuhaben /
das Buch / um etwas zu lernen / das freundliche Wort /
für den türkischen Nachbarn / das Ja zum Wir / ohne
Heuchelei

Die kleinen Schritte / auf dem Weg / zum Glück
Der Frieden / fängt ganz unten an."

So sagen wir, die wir ganz unten sind, zu den Mächtigen
dort oben: Wir sind das Volk, wir wollen keinen Krieg.
Nie mehr. Unter keinem Umstand mehr. Wir brauchen
Helden der Geduld, nicht Helden neuer Schlachten. Wir
brauchen die Phantasie der Güte, nicht den Heroismus
der Gewalt. Wir brauchen eine Politik, die der gesamten
Menschheit dient und nicht dem Nationalstolz einzelner.
Wir brauchen ein Vertrauen, das es wagt, das Böse zu
besiegen durch das Gute.

Alles wird wiederkommen, wenn wir uns nicht erinnern. Darum möchte ich, daß dies ein Menetekel sei in Ihren Seelen, das sich eingräbt bis zum Jüngsten Tag, und daß Sie's erzählen Ihren Zeitgenossen und Ihren Kindern. Ein solcher Krieg wie dieser darf nicht mehr sein, an keinem Platz der Erde. Das ist die Lehre aus dem Krieg um Kuwait.